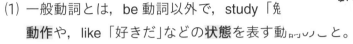

2 一般動詞
肯定文・疑問文・否定文

重要ポイント TOP3

一般動詞とは	疑問文	否定文
be 動詞以外の動詞は全部一般動詞。	疑問文は文のはじめに do を置く。	否定文は一般動詞の前に do not [don't] を入れる。

1 一般動詞

(1) 一般動詞とは，be 動詞以外で，study「勉〜
動作や，like「好きだ」などの**状態**を表す動詞〜のこと。

(2) 一般動詞の例…**play**「(スポーツなどを) する」,**drink**「飲む」,
speak「話す」，**know**「知っている」，**want**「ほしい」 など

(3) 一般動詞の文の形

私は	ペン	を持っています	。
I	have	a pen	.

2 一般動詞 (主語が 1・2 人称，複数) の文の疑問文と答えの文

(1) 疑問文は，**主語の前に do** を置いて〈Do ＋主語＋一般動詞 〜?〉。

You like tennis.（あなたはテニスが好きです。）

↓

Do you like tennis?（あなたはテニスが好きですか。）
<u>主語の前に do</u>

(2) **答えの文にも do** を使う。

— Yes, **I do**.（はい，好きです。）

— No, **I do not**.（いいえ，好きではありません。）
　　　= don't

3 一般動詞 (主語が 1・2 人称，複数) の文の否定文

(1) 否定文は，**一般動詞の前に do not [don't]** を入れて〈主語
＋ do not [don't] ＋一般動詞 〜.〉。

I　　　　　play basketball.（私はバスケットボールをします。）

↓

I **do not** play basketball.（私はバスケットボールをしません。）
<u>一般動詞の前に do not [don't]</u>

動作を表す動詞の例

eat「食べる」
read「読む」
go「行く」
come「来る」
wait「待つ」
talk「話す」 など

状態を表す動詞の例

like「好きだ」
love「愛している」
want「ほしい」
know「知っている」
need「必要とする」
　　　　　　 など

have の意味

① 「食べる」
I have lunch.
（私は昼食を食べます。）

② 「持っている」
I have a book in my hand.
（私は手に本を持っています。）

③ 「ある」
We have a big library in this city.
「この市には大きな図書館があります。」

or を使った疑問文

① yes / no で答えない。
・ Do you like science **or** math?
— I like **science**.
（あなたは理科が好きですか，**それとも**数学が好きですか。
— 私は**理科**が好きです。)

サクッと練習

⏱ 目標時間10分

　　　　　分

1 次のうちから，一般動詞を使った文をすべて選び，記号を○で囲みなさい。

ア　Tom and Naoko run fast.

イ　You are from Kobe.

ウ　You walk to school.

エ　We read comic books.

オ　I'm tired.

カ　My father is an engineer.

キ　They practice soccer.

ク　I want an umbrella.

2 次の対話文が完成するように，＿＿に適する語を書きなさい。

(1) A：Do you play tennis or soccer?

　　B：＿＿＿＿＿＿＿＿＿ ＿＿＿＿＿＿＿＿＿ soccer.

(2) A：Do they have a big dog?

　　B：＿＿＿＿＿＿＿, they ＿＿＿＿＿＿＿. They have a small cat.

(3) A：Do you use this computer?

　　B：＿＿＿＿＿＿＿, I ＿＿＿＿＿＿＿. But it's my father's.

3 次の日本文に合う英文になるように，（　）内の語を並べかえなさい。

(1) 私はバスで学校に行きません。

　　(go, not, I, school, by, do, to) bus.

　　＿＿＿＿＿＿＿＿＿＿＿＿＿＿＿＿＿＿＿＿＿＿＿＿＿＿＿＿＿＿ bus.

(2) あなたは朝食を料理しますか，それとも夕食を料理しますか。

　　(cook, or, you, do, breakfast) dinner?

　　＿＿＿＿＿＿＿＿＿＿＿＿＿＿＿＿＿＿＿＿＿＿＿＿＿＿＿ dinner?

(3) 彼らは毎日7時に起きません。

　　(at, don't, every, up, seven, they, get) day.

　　＿＿＿＿＿＿＿＿＿＿＿＿＿＿＿＿＿＿＿＿＿＿＿＿＿＿＿＿＿ day.

> 交通手段は〈by＋乗り物〉で表す。このとき，乗り物の前にaやtheなどの冠詞は入らない。

3 名詞の複数形

[月 日]

重要ポイント TOP3

| 名詞の複数形 複数形の作り方は 下の表参照。 | some, any 漠然とした数・量 を表すとき，名詞 の前に置く。 | How many ～? How many のあと は数えられる名詞 の複数形。 |

1 名詞の複数形

(1) 数えられる名詞が 2 つ以上あるときは，その名詞を**複数形**にする。

〈複数形の作り方〉

ほとんどの名詞	そのまま s をつける	dog → dog**s** apple → apple**s**
語尾が s, x, ch, sh で終わる名詞	そのまま es をつける	box → box**es** dish → dish**es**
語尾が〈子音字 + y〉で終わる名詞	y を i にかえて es を つける	city → cit**ies** country → countr**ies**

2 some, any

(1) 「いくつかの」とはっきりしない数を表すとき，肯定文では **some**，疑問文・否定文では **any** を主に使う。

You have **some** orange**s**. （あなたはいくつかのオレンジを持っています。）
　　　　　　肯定文では some

Do you have **any** orange**s**? （あなたはいくつかのオレンジを持っていますか。）
　　　　　　疑問文では any

I don't have **any** orange**s**. （私はオレンジを 1 つも持っていません。）
　　　　　　否定文では any : not ～ any「1 つも～ない」

= I have **no** orange**s**.

3 How many ～? の文

(1) 「いくつ」と数をたずねるときは，〈**How many** + 名詞の複数形 + 疑問文 **?**〉で表す。

How many cats do you have? （あなたは何匹のネコを飼っていますか。）
　　　　　複数形

(2) 具体的に数を答える。yes / no では答えない。

― I have **two** (**cats**).

（私は 2 匹（のネコを）飼っています。）

得点アップ

語尾が〈母音字 + y〉で終わる名詞

① y を i にかえない。
　boy → boys

不規則に変化する名詞

child（子ども）
→ children
man（男の人）
→ men
woman（女の人）
→ women
foot（足）
→ feet
tooth（歯）
→ teeth

数えられない名詞

① 決まった形がないもの
　rice（ごはん，米），
　juice（ジュース）
② 目に見える形がないもの
　music, English,
　peace（平和）
③ スポーツ名
　tennis, soccer
④ 人名や地名・国名など，
　1 つしかないもの
　Takuya, Japan

some, any は数えられない名詞にも使う

① このとき，数えられない
　名詞を複数形にしない。
・I want some water.
　（私は**いくらか**水が
　ほしい。）

数えられない名詞の量は，How much ～?

・**How much** rice do
　you want?
　（あなたは**どのくらいの（量の）**お米が
　ほしいですか。）

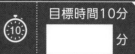

サクッと練習

目標時間10分

分

1 次の英文の（　）内から最も適するものを選び，○で囲みなさい。

(1) I have （three,　a） pens.

(2) We see many （bird,　birds） in that tree.

(3) Do you have （some,　any） balls?

(4) How many （rackets,　racket） do you have?

2 次の日本文に合う英文になるように，＿＿に適する語を書きなさい。

(1) 私には兄が２人と姉が１人います。

I have two ＿＿＿＿＿＿ and one ＿＿＿＿＿＿.

(2) 私はトマトが大好きです。

I like ＿＿＿＿＿＿ very much.

(3) 私たちはテニスの選手です。

＿＿＿＿＿＿ ＿＿＿＿＿＿ tennis ＿＿＿＿＿＿.

(4) あなたの学校には何人の先生がいますか。

How ＿＿＿＿＿＿ ＿＿＿＿＿＿ do you have in your school?

3 次の英文を（　）内の指示通りに書きかえなさい。

(1) I need some eggs for breakfast. （否定文に）

＿＿＿＿＿＿＿＿＿＿＿＿＿＿＿＿＿＿＿＿＿＿＿＿＿＿＿＿＿＿＿

(2) You have a child. （下線部を three にかえて）

＿＿＿＿＿＿＿＿＿＿＿＿＿＿＿＿＿＿＿＿＿＿＿＿＿＿＿＿＿＿＿

(3) They want five chairs. （下線部をたずねる疑問文に）

＿＿＿＿＿＿＿＿＿＿＿＿＿＿＿＿＿＿＿＿＿＿＿＿＿＿＿＿＿＿＿

child は不規則に変化して複数形をつくる名詞。childs としないこと。

4 ３人称単数現在
肯定文・疑問文・否定文

重要ポイント TOP3

３人称単数とは	疑問文	否定文
Ｉと you 以外の単数の人やもの。	文のはじめに does を置き，動詞は原形。	一般動詞の前にdoes not[doesn't]を入れ，動詞は原形。

1　３人称単数

(1) **３人称単数**とは，Ｉと you 以外の１人の人や１つのもののこと。

(2) ３人称単数が主語で，現在の文のとき，一般動詞に s, es をつける。

I　　**like** tea.（私は紅茶が好きです。）
_{１人称単数}

You　**like** cola.（あなたはコーラが好きです。）
_{２人称単数}

Yuka **likes** juice.（ユカはジュースが好きです。）
_{３人称単数}　→s をつける

2　一般動詞（主語が３人称単数）の文の疑問文と答えの文

(1) 疑問文は，**主語の前に does** を置いて〈Does ＋主語＋一般動詞 ～?〉。このとき，動詞は**原形**にする。

Lisa studies Japanese.（リサは日本語を勉強します。）

↓

Does Lisa study Japanese?（リサは日本語を勉強しますか。）
_{主語の前に does　　→原形}

(2) **答えの文にも does** を使う。

— Yes, <u>she does</u>.（はい，勉強します。）

— No, <u>she does not</u>.（いいえ，勉強しません。）
　　　_{＝ doesn't}

3　一般動詞（主語が３人称単数）の文の否定文

(1) 否定文は，**一般動詞の前に does not[doesn't]** を入れて〈主語＋ does not[doesn't] ＋一般動詞 ～.〉。動詞は原形。

Takuya　　　　　plays baseball.（タクヤは野球をします。）

↓　　　　　┌→原形

Takuya **does not** play baseball.（タクヤは野球をしません。）
_{一般動詞の前に does not[doesn't]}

得点アップ

３人称単数

① be 動詞の文で is を使う主語は，すべて３人称単数。

② the cat, my car などの，動物やものも，１匹や１台なら，３人称単数。

３人称複数

① they や Tom and Ken など，３人称でも複数が主語になるときは，動詞に s や es はつけない。

s, es のつけかた

① ほとんどの動詞
→そのまま s をつける。
play → plays

② 語尾が s, o, x, ch, sh で終わる動詞
→そのまま es をつける。
go → goes
watch → watches

③ 語尾が〈子音字＋y〉で終わる動詞
→ y を i にかえて es をつける。
study → studies

④ 特別な形になる
have → **has**

サクッと練習

1 あとの（　）内の語を適する形にかえて，＿＿＿に書きなさい。

(1) Tom ＿＿＿＿＿＿ this drama every Sunday.（watch）

(2) My father ＿＿＿＿＿＿ a good pen.（have）

(3) Hiroko ＿＿＿＿＿＿ tennis after school.（practice）

(4) Mr. Oka ＿＿＿＿＿＿ milk every morning.（drink）

(5) He ＿＿＿＿＿＿ math hard.（study）

2 次の日本文に合う英文になるように，＿＿＿に適する語を書きなさい。

(1) あなたのお兄さんはこのコンピュータを使いますか。― はい，使います。

＿＿＿＿＿＿ your brother ＿＿＿＿＿＿ this computer?

― Yes, ＿＿＿＿＿＿ ＿＿＿＿＿＿.

(2) ケイは夕食の前に音楽を聞きます。

Kei ＿＿＿＿＿＿ ＿＿＿＿＿＿ music before dinner.

(3) 彼女はイヌを連れて公園に行きます。

She ＿＿＿＿＿＿ ＿＿＿＿＿＿ the park with her dog.

(4) リサはバスで学校に来ません。

Risa ＿＿＿＿＿＿ ＿＿＿＿＿＿ come to school by bus.

3 次の日本文に合う英文になるように，（　）内の語を並べかえなさい。

(1) メイは家で中国語を話しません。

（doesn't, at, Chinese, May, speak）home.

＿＿＿＿＿＿＿＿＿＿＿＿＿＿＿＿＿＿＿＿＿＿＿＿ home.

(2) 彼はあなたに英語を教えますか。

（he, you, English, does, teach, to）?

＿＿＿＿＿＿＿＿＿＿＿＿＿＿＿＿＿＿＿＿＿＿＿＿ ?

> 「～に…を教える」は teach ... to ～

重要ポイント TOP3

what / which	whose	why
what 「何, 何の～」which 「どちら, どちらの～」の意味。	whose には「だれの～」と「だれのもの」の用法がある。	why 「なぜ」にはふつう, Because～. と答える。

5 疑問詞を使った疑問文 ①
what・which・whose・why

1 what「何」／which「どちら」

(1) what 「何」や which 「どちら」のような語を**疑問詞**といい, **疑問文の最初**に置く。

　What do you eat for breakfast?（あなたは朝食に何を食べますか。）
　└─▶疑問文の語順

　Which is your pen?（どちらがあなたのペンですか。）
　└─▶疑問文の語順

(2) 答えの文には yes / no は使わず, 具体的に答える。

　— I eat **rice and *miso* soup**.（私はごはんとみそ汁を食べます。）
　　　　　「食べるもの」を答える

　— **This blue one** is mine.（こちらの青いのが私のです。）
　　「どのペン」なのかを答える

(3) **2つのうちの「どちら」**とたずねるときは, **or** を使う。

　Which is your pen, this **or** that?

　（どちらがあなたのペンですか, これですか, それともあれですか。）

2 whose「だれの」

(1) 「だれの」と持ち主をたずねるときは,〈whose ＋名詞〉を**疑問文の最初**に置く。

　Whose pen is this?（これはだれのペンですか。）
　└─▶疑問文の語順

(2) 持ち主を具体的に答える。

　— It's **Taro's** (pen).（タロウの（ペン）です。）

3 why「なぜ」

(1) 「なぜ, どうして」と理由や目的をたずねるときは why を**疑問文の最初**に置く。

　Why do you like Yuki?（あなたはなぜユキが好きなのですか。）
　└─▶疑問文の語順

(2) yes / no では答えず, 具体的に理由や目的を答える。**because** を使って答えることが多い。

　— **Because** she is kind.（彼女は親切だからです。）
　　　because で文をはじめる

〈疑問詞＋名詞〉

① what, which は, あとに名詞を続けて, 「何の～」,「どちらの～」とたずねることができる。

・**What sport** do you play?
（あなたは何のスポーツをしますか。）

・**Which season** do you like?
（あなたは**どの季節**が好きですか。）

・**Which bag** is yours?
（**どちらのかばん**があなたのですか。）

who「だれ」

・**Who** is that boy?
— He is Ken.
（あの少年は**だれ**ですか。彼はケンです。）

・**Who** plays the guitar?
— Ken does.
（**だれ**がギターをひきますか。ケンがひきます。）

whose「だれのもの」

・**Whose** pen is this?
→ **Whose** is this pen?
（このペンはだれのものですか。）

★ 答え方は同じ。
— It's **Taro's** (pen).
（タロウの（ペン）です。）

★ 答えるときは代名詞の「～の」や「～のもの」の形や〈人名's〉の形を使う。

サクッと練習

1 次の疑問文の答えとして最も適するものを選び，記号を○で囲みなさい。

(1) What does Ken play?

ア　This is his guitar.　イ　He plays the guitar.　ウ　Yes, he does.

(2) Which is yours, this book or that book?

ア　That's mine.　イ　I like this book.　ウ　It isn't mine.

(3) Whose car is that?

ア　That's a good car.　イ　No, it isn't.　ウ　It's Mr. Ueno's.

(4) Why is he popular in the class?

ア　He is popular.　イ　Yes, he is.　ウ　Because he is clever.

2 次の対話文が完成するように，＿＿に適する語を書きなさい。

(1) A : ＿＿＿＿＿＿ key is that?

　　B : ＿＿＿＿＿＿ Satoshi's.

(2) A : ＿＿＿＿＿＿ pen do you want, red ＿＿＿＿＿＿ black?

　　B : I want a black pen.

(3) A : ＿＿＿＿＿＿ ＿＿＿＿＿＿ you do before breakfast?

　　B : I wash my face.

3 次の英文を（　）内の指示通りに書きかえなさい。

(1) Tom likes koalas.（下線部が答えの中心になる疑問文に）

＿＿＿＿＿＿＿＿＿＿＿＿＿＿＿＿＿＿＿＿＿＿＿＿＿＿＿＿＿

(2) Who comes to this room every Friday?（「ケンです。」と答えなさい）

＿＿＿＿＿＿＿＿＿＿＿＿＿＿＿＿＿＿＿＿＿＿＿＿＿＿＿＿＿

> 　like のあとに数えられる名詞がくるときは，複数形にする。

6 疑問詞を使った疑問文 ②
when・where・how

重要ポイント TOP3

when	where	how
あとには, be 動詞・一般動詞どちらの疑問文も使える。	あとに be 動詞の疑問文が続くと「どこにいるか」「どこにあるか」	いろいろな形容詞・副詞と組み合わせることができる。

1 when「いつ」

(1) 「いつ」は，when を疑問文の最初に置き，「時」を答える。

When is your birthday?（あなたの誕生日はいつですか。）
　　└→疑問文の語順

── It's **July** 25.（7月25日です。）
　　└「日付」を答える

(2) 一般動詞の文も疑問詞のあとに**疑問文の語順**を続ける。

When do you usually visit Lisa?（あなたはふつういつリサを訪ねますか。）
　　└→疑問文の語順

I visit her **every** **Sunday**.（私は毎週日曜日に彼女を訪ねます。）

2 where「どこに［で］」

(1) 「どこに［で］」は，where を疑問文の最初に置き，「場所」を答える。

Where is your brother?（あなたのお兄さんはどこにいますか。）
　　└→疑問文の語順

── He is **in his room**.（彼は彼の部屋にいます。）
　　└「場所」を答える

(2) 一般動詞の文も疑問詞のあとに**疑問文の語順**を続ける。

Where do you live?（あなたはどこに住んでいますか。）
　　└→疑問文の語順

I live **in Osaka**.（私は大阪に住んでいます。）

3 how「どのように（して）」「どれくらい」

(1) 「どのように（して）」は，how を疑問文の最初に置き，「方法」を答える。

How do you come to school?（あなたはどのようにして学校に来ますか。）
　　└→疑問文の語順

── I come **by bike**.（私は自転車で来ます。）
　　交通手段は〈by 〜〉で表す。

(2) how old「何歳」のように，あとに**形容詞・副詞を置く**こともある。

How old is your sister?（あなたの妹さんは何歳ですか。）
　　└→疑問文の語順

── She is three.（彼女は3歳です。）

得点アップ

時を表す前置詞

after dinner
（夕食後に）
before lunch
（昼食前に）
on Sunday
（日曜日に）　［曜日］
in spring
（春に）　　　［季節］
in March
（3月に）　　［月］
at seven
（7時に）　　［時刻］

場所を表す前置詞

on the table
（テーブルの上に）
by the door
（ドアのそばに）
under the chair
（いすの下に）

〈how ＋形容詞・副詞〉

· **How long** is this ruler?
（この定規は**どのくらいの長さ**ですか。）
· **How far** is it from here to the station?
（ここから駅まではどのくらい（の距離）ですか。）
· **How often** do you go to the tennis club?
（あなたはテニスクラブに**どのくらいの頻度**で行きますか。）
· **How many** CDs do you have?
（あなたは**何枚の** CD を持っていますか。）
· **How much** is this pen?
（このペンは**いくら**ですか。）

サクッと練習

目標時間10分
分

1 次の疑問文の答えとして最も適するものを選び，記号を◯で囲みなさい。

(1) How do you go to the park?
ア　I go there by bike.　イ　I go to the park.　ウ　Yes, I do.

(2) Where are you from?
ア　I like Japan.　イ　No, I'm not.　ウ　I'm from Japan.

(3) When does Ken study English?
ア　He studies it after dinner.　イ　He studies English.　ウ　He is Ken.

2 次の日本文に合う英文になるように，＿＿に適する語を書きなさい。

(1) パーティーはいつですか。— 放課後です。
＿＿＿＿＿ ＿＿＿＿＿ the party? — It's ＿＿＿＿＿ school.

(2) あなたはどこで昼食を食べますか。— 私はたいてい，教室でそれを食べます。
＿＿＿＿＿ ＿＿＿＿＿ you eat lunch?
— I usually eat it ＿＿＿＿＿ the classroom.

(3) 東京の天気はどうですか。— 雨です。
＿＿＿＿＿ ＿＿＿＿＿ the weather in Tokyo? — It's rainy.

(4) あなたの学校は創立何年ですか。— 約50年です。
＿＿＿＿＿ ＿＿＿＿＿ is your school? — It's about fifty.

3 次の英文を（　）内の指示通りに書きかえなさい。

(1) Mai listens to music after dinner.（下線部が答えの中心になる疑問文に）
＿＿＿＿＿＿＿＿＿＿＿＿＿＿＿＿＿＿＿＿＿＿＿＿＿＿＿＿＿＿

(2) How does Rumi go to Tokyo?（「電車で」と5語で答えなさい）
＿＿＿＿＿＿＿＿＿＿＿＿＿＿＿＿＿＿＿＿＿＿＿＿＿＿＿＿＿＿

「創立何年」は「何歳」と考える。

7 命令文

重要ポイント TOP3

命令文	Don't 〜.	Let's 〜.
命令文には主語がない。	禁止をはっきりさせるために，最初に Don't を置く。	Let's のあとは命令文。

1 命令文

(1) 「〜しなさい」と相手に指示，命令をするときは，動詞の原形で文をはじめる。

You use this pen.（あなたはこのペンを使います。）

　　　Use this pen.（このペンを使いなさい。）
　主語を省略

(2) ていねいに頼むときは **please** を使う。

Please help me.（私を手伝ってください。）

　　　Help me, **please**.
　　　　　　コンマ

2 禁止する文

(1) 「〜してはいけません」と禁止するときは，命令文の前に **Don't** をつける。

　　　Speak Japanese.（日本語を話しなさい。）

↓

Don't speak Japanese.（日本語を話してはいけません。）
命令文の前に Don't

(2) ていねいに禁止するときは **please** を使う。

Please don't open this door.（このドアを開けないでください。）

　　　Don't open this door, **please**.

3 相手を誘う文

(1) 「〜しましょう」と相手を誘うときは，命令文の前に **Let's** をつける。

　　　Play baseball.（野球をしなさい。）

↓

Let's play baseball.（野球をしましょう。）

(2) Let's の文に承諾するとき：Yes, **let's**. / OK. / All **right**.

断るとき：I'm **sorry**, I can't. / No, **let's** not.

得点アップ

be 動詞の命令文

・ **Be** quiet.
（静かにしなさい。）
・ Don't **be** noisy.
（うるさくしてはいけません。）
　★ be は is, am, are の原形。

呼びかけの語

・ **Ken**, get up.
Get up, **Ken**.
（**ケン**, 起きなさい。）

命令文と助動詞を使った文

① 命令文
= You must 〜.
「〜しなければなりません」
・ Stay home.
・ You must stay home.
（家にいなければなりません。）

② Let's 〜.
= Shall we 〜?
「〜しませんか」
・ Let's go shopping.
・ Shall we go shopping?
（買い物に行きませんか。）

③ Don't 〜.
= You must not 〜.
「〜してはいけません」
・ Don't come in.
・ You must not come in.
（入ってきてはいけません。）

サクッと練習

⏱ 目標時間10分 　　　分

1 次の日本文に合う英文になるように，＿＿に適する語を書きなさい。

(1) 牛乳を飲み過ぎてはいけません。 ＿＿＿＿＿＿ ＿＿＿＿＿＿ milk too much.

(2) あの鳥を見なさい。 ＿＿＿＿＿＿ ＿＿＿＿＿＿ that bird.

(3) ユミの家に行きましょう。 ＿＿＿＿＿＿ ＿＿＿＿＿＿ to Yumi's house.

(4) 私のために昼食を料理してください。 ＿＿＿＿＿＿ lunch for me, ＿＿＿＿＿＿.

2 次の英文を，命令文を使って（　）内の指示通りに書きかえなさい。

(1) We go to the movies. （「～しましょう」と誘う文に）

＿＿＿＿＿＿＿＿＿＿＿＿＿＿＿＿＿＿＿＿＿＿＿＿＿＿＿＿＿＿

(2) You are late for class. （「～してはいけない」と禁止する文に）

＿＿＿＿＿＿＿＿＿＿＿＿＿＿＿＿＿＿＿＿＿＿＿＿＿＿＿＿＿＿

(3) You stand up. （「～しなさい」と指示する文に）

＿＿＿＿＿＿＿＿＿＿＿＿＿＿＿＿＿＿＿＿＿＿＿＿＿＿＿＿＿＿

(4) You call Ken at ten. （「～してください」とていねいに頼む文に）

＿＿＿＿＿＿＿＿＿＿＿＿＿＿＿＿＿＿＿＿＿＿＿＿＿＿＿＿＿＿

3 次のようなとき，英語で何と言うか書きなさい。ただし，命令文で表し，指示された語があればそれを使うこと。

(1) いっしょにパーティーに行こうと相手を誘うとき。（together）

＿＿＿＿＿＿＿＿＿＿＿＿＿＿＿＿＿＿＿＿＿＿＿＿＿＿＿＿＿＿

(2) この部屋から出て行くように指示するとき。（out）

＿＿＿＿＿＿＿＿＿＿＿＿＿＿＿＿＿＿＿＿＿＿＿＿＿＿＿＿＿＿

(3) 図書館で走ってはいけないと注意するとき。

＿＿＿＿＿＿＿＿＿＿＿＿＿＿＿＿＿＿＿＿＿＿＿＿＿＿＿＿＿＿

> 「～を見る」は look at ～

動詞の過去形
一般動詞・be動詞

重要ポイント TOP3

| 一般動詞の過去形 現在形とちがい，主語の人称や数では変化しない。 | 疑問文・否定文 疑問文は動詞を原形に戻すのを忘れない。 | be動詞の過去形 3人称単数の主語には was，それ以外には were。 |

1 過去形の作り方

(1) **規則動詞の過去形は原則，語尾に(e)d をつける。**

ほとんどの動詞	そのまま ed をつける	play → play**ed** walk → walk**ed**
e で終わる動詞	そのまま d をつける	like → like**d** practice → practice**d**
語尾が〈子音字＋y〉で終わる動詞	y を i にかえて ed をつける	carry → carr**ied** try → tr**ied**
語尾が〈短母音＋子音字〉で終わる動詞	最後の文字を重ねて ed をつける	stop → stop**ped** plan → plan**ned**

(2) ほかに，不規則に変化する**不規則動詞**がある。

go → **went**, have → **had**, run → **ran**, see → **saw** など

2 一般動詞の過去の文

(1) 過去のことを言うときは，動詞を**過去形**にする。

(2) 疑問文は，**主語の前に did** を置く。このとき，動詞は**原形**，答えの文にも **did** を使う。否定文は，**一般動詞の前に did not[didn't]** を入れる。動詞は**原形**。

Ken ran in the park.（公園を走りました）

↓

Did Ken run in the park?（公園を走りましたか）
_{主語の前に did} _{原形}

— Yes, <u>he did</u>. / No, <u>he did not</u>.
_{= didn't}

3 be動詞の過去形

(1) be 動詞 is・am → **was**, are → **were**

(2) 疑問文は**主語の前に be 動詞**，答えの文にも be 動詞を使い，否定文は **be 動詞のあとに not** を入れる。

You <u>were</u> in Tokyo.（東京にいました）

<u>**Were**</u> you in Tokyo?（東京にいましたか）

— Yes, I <u>was</u>. / No, I <u>was not</u>.
_{= wasn't}

そのほかの不規則動詞

break — **broke**
bring — **brought**
come — **came**
drive — **drove**
eat — **ate**
get — **got**
know — **knew**
leave — **left**
make — **made**
meet — **met**
ride — **rode**
speak — **spoke**
swim — **swam**
take — **took**
teach — **taught**
write — **wrote**
read — **read**[red]

過去を表す語句

・yesterday（昨日）
 yesterday morning
 （昨日の朝）
・〜 ago（〜前）
 two days **ago**
 （2日前）
・last 〜（この前の〜）
 last Sunday
 （この前の日曜日）

疑問詞のある疑問文

① 疑問詞のあとは疑問文の語順。
② 過去形で具体的に答える。
 What **did** you **study**?
 — I **studied** math.

サクッと練習

1 あとの（　）内の語を適する形にかえて，＿＿＿に書きなさい。

(1) We ＿＿＿＿＿＿＿ New York last month.（visit）

(2) She ＿＿＿＿＿＿＿ for America yesterday.（leave）

(3) Mike ＿＿＿＿＿＿＿ *natto* yesterday morning.（try）

(4) You ＿＿＿＿＿＿＿ up late last Sunday.（get）

(5) He ＿＿＿＿＿＿＿ and looked at the little girl.（stop）

2 次の日本文に合う英文になるように，＿＿＿に適する語を書きなさい。

(1) あなたはあの店で働いていましたか。— はい，働いていました。

＿＿＿＿＿＿＿ you work at that shop?

— Yes, ＿＿＿＿＿＿＿ ＿＿＿＿＿＿＿.

(2) 彼らはこの部屋の中にいましたか。— いいえ，いませんでした。

＿＿＿＿＿＿＿ they ＿＿＿＿＿＿＿ this room? — No, they ＿＿＿＿＿＿＿.

(3) 私の父は私の誕生日パーティーを計画してくれました。

My father ＿＿＿＿＿＿＿ my birthday party.

(4) ヒロは昨年，たくさんの本を読みました。

Hiro ＿＿＿＿＿＿＿ a lot of books ＿＿＿＿＿＿＿ year.

3 次の英文を（　）内の指示通りに書きかえなさい。

(1) Yutaka is tired <u>now</u>.（下線部を yesterday にかえて）

＿＿＿＿＿＿＿＿＿＿＿＿＿＿＿＿＿＿＿＿＿＿＿＿

(2) I called Jane at ten last night.（否定文に）

＿＿＿＿＿＿＿＿＿＿＿＿＿＿＿＿＿＿＿＿＿＿＿＿

(3) Tom had <u>seven</u> balls in his bag.（下線部が答えの中心になる疑問文に）

＿＿＿＿＿＿＿＿＿＿＿＿＿＿＿＿＿＿＿＿＿＿＿＿

 「あなたは」とたずねられているので，答える文の主語は I「私は」になる。

9 進行形
現在進行形・過去進行形

重要ポイント TOP3

ing のつけかた	疑問文・否定文	進行形にしない動詞
最後の文字を重ねる run, swim, plan などに注意。	be 動詞のルールと同じ。ing 形はそのまま。	下にあげた動詞を覚えておく。

1 現在進行形・過去進行形の文

(1) 今，進行中であることを表すときは，**現在進行形**を使う。

I **am studying** English now. （私は今，英語を勉強しています。）
　　現在形の be 動詞＋動詞の ing 形

(2) 過去のある時点で，進行中だったことを表すときは，**過去進行形**を使う。

I **was studying** math at seven.
　　過去形の be 動詞＋動詞の ing 形

（私は 7 時に数学を勉強していました。）

2 進行形の疑問文と答えの文・否定文

(1) 疑問文は**主語の前に be 動詞**を置き，答えの文にも **be 動詞**を使う。

Are you **eating** lunch?　　**Were** you singing?

— Yes, I **am**.　　　　　　　— Yes, I **was**.

　No, I **am not**.　　　　　　— No, I **was not**.

(2) 否定文は **be 動詞のあとに not** を入れる。

I **am not eating** lunch.　　You **were not singing**.

3 疑問詞のある進行形の疑問文

(1) 疑問詞を**文の最初**に置き，そのあとに疑問文の語順を続ける。yes / no ではなく，疑問詞で問われていることを**具体的**に答える。

What are you singing? （あなたは何を歌っていますか。）
疑問詞　　　　→疑問文の語順

— I am singing **Hiro's new song**.（ヒロの新曲を歌っています。）

Where was Ken going? （ケンはどこに行くところでしたか。）
疑問詞　　　→疑問文の語順

— He was going **to the hospital**.（彼は病院に行くところでした。）

得点アップ

進行形にしない動詞

① like, love, want, know のような〈状態〉を表す動詞は，ふつう進行形にしない。

② have は「持っている」の意味では進行形にしないが，「食べる」の意味では〈動作〉を表すので進行形にする。

ing のつけかた

① 多くの動詞
語尾にそのまま ing をつける。
watch → watching
help → helping

② e で終わる動詞
e を取って ing をつける。
take → taking
use → using

③〈短母音＋子音字〉で終わる動詞
最後の文字を 2 つ続けて ing をつける。
run → running
swim → swimming

疑問詞が主語の疑問文

①〈疑問詞＋be動詞＋動詞の ing 形 ～?〉の語順。

・**Who was helping** Yuki?
— Koji was.
（だれがユキを手伝っていましたか。
— コウジです。）

サクッと練習

目標時間10分

分

1 次の英文の（　）内から最も適するものを選び，○で囲みなさい。

(1) A big bird（was flying, was fly, flying）in the sky.

(2) We aren't（play, playing, played）video games.

(3) Kenta（was talking, are talking, talks）with Yui at that time.

(4) Were you（listening, listened, listen）to music then?

(5) They（were, are, do）reading books now.

2 次の日本文に合う英文になるように，＿＿に適する語を書きなさい。

(1) 私の母はお皿を洗っていました。

My mother ＿＿＿＿＿＿ ＿＿＿＿＿＿ the dishes.

(2) あの男の人たちは花の写真を撮っていますか。

＿＿＿＿＿＿ those men ＿＿＿＿＿＿ pictures of the flowers?

(3) その赤ちゃんたちはそのとき，泣いていませんでした。

The babies ＿＿＿＿＿＿ ＿＿＿＿＿＿ at that time.

(4) マキは家族といっしょに海で泳いでいました。

Maki ＿＿＿＿＿＿ ＿＿＿＿＿＿ in the sea with her family.

3 次の英文を（　）内の指示通りに書きかえなさい。

(1) Takuya was <u>talking on the phone</u>.（下線部が答えの中心になる疑問文に）

＿＿＿＿＿＿＿＿＿＿＿＿＿＿＿＿＿＿＿＿＿＿＿＿＿＿＿＿＿＿＿

(2) Were the boys running along the river?（no で答えなさい）

＿＿＿＿＿＿＿＿＿＿＿＿＿＿＿＿＿＿＿＿＿＿＿＿＿＿＿＿＿＿＿

(3) Where is he going?（「銀行に行くところです」と答えなさい）

＿＿＿＿＿＿＿＿＿＿＿＿＿＿＿＿＿＿＿＿＿＿＿＿＿＿＿＿＿＿＿

> 動詞に ing をつけるときに，語尾の y を i にかえる，という規則はない。

10 未来表現
will・be going to

重要ポイント TOP3

willの文	be going to ～ の文	疑問詞のある文
will のあとは動詞の原形。be 動詞の原形は be。	疑問文・否定文は, be 動詞のルール。	疑問詞のあとは疑問文の語順。

1 will の文

(1) 「～でしょう」という未来は〈**will ＋動詞の原形**〉で表す。

I **will** be busy tomorrow.（私は明日忙しいでしょう。）
　　└→動詞の原形

(2) will は助動詞で, 主語が何であっても形はかわらない。

It **will** be rainy tomorrow.（明日は雨でしょう。）
　└→3人称単数

(3) 疑問文は **will** を主語の前に, 否定文は **will** のあとに **not**。

Will it be rainy tomorrow? It **won't** be rainy tomorrow.
　　└→主語の前に will 　　　　　　　　　　　 = will not

2 be going to の文

(1) 「～する予定だ」,「～するつもりだ」という未来は〈**be going to ＋動詞の原形**〉で表す。

I **am going to see** Ken.（私はケンに会う予定です。）
　　　　　　　└→動詞の原形

(2) be 動詞は主語によって使い分ける。

Rika **is going to run** in the park.
　　 └→Rika に合わせる 　└→動詞の原形
　　　　　　　　　　　　　　（リカは公園を走る予定です。）

(3) 疑問文は **be** 動詞を主語の前に, 否定文は **be** 動詞のあとに **not**。

3 疑問詞のある未来の文

(1) 疑問詞を**文の最初**に置き, そのあとに疑問文を続ける。yes / no ではなく, 疑問詞で問われていることを**具体的**に答える。

What will Tom do after dinner?
疑問詞　　　　└→疑問文の語順
　　　　　　　　　（トムは夕食後, 何をするつもりですか。）

— He will **take a bath**.（彼はお風呂に入るつもりです。）

Where are you going to move?
疑問詞　　　　　 └→疑問文の語順
　　　　　　　　　（あなたはどこに引っ越す予定ですか。）

— I am going to move **to Kobe**.（私は神戸に引っ越す予定です。）

得点アップ

短縮形

主語＋ will	
I will	I'll
you will	you'll
he will	he'll
she will	she'll
it will	it'll
we will	we'll
they will	they'll
will not	won't

未来を表す語句

・tomorrow（明日）
　tomorrow morning
　（明日の朝）
・next ～（次の～）
　next Sunday
　（次の日曜日）

next Friday は 必ずしも「来週の金曜日」ではない

① next Friday は, 話している時点から, いちばん近い金曜日を指すので, 話しているのが月曜日なら, 同じ週の金曜日, ということになり,「次の[今度の]金曜日」などと訳す。

「今にも～しそうだ」

・It **is going to** rain soon.
　（今にも雨が降りそうです。）

サクッと練習

1 次の英文の（　）内から最も適するものを選び，○で囲みなさい。

(1) John is going to （eat, ate, eats） these hamburgers.

(2) （I'm not, I won't, I don't） be free next Sunday.

(3) （Are, Do, Did） you going to go to the party?

(4) Where （will, do, are） you visit next month?

(5) Will you be at home tomorrow? — Yes, I （am, will, do）.

2 次の英文を（　）内の指示通りに書きかえるとき，＿＿に適する語を書きなさい。

(1) Ken will come home at seven. （疑問文に）
＿＿＿＿＿＿ ＿＿＿＿＿＿ ＿＿＿＿＿＿ home at seven?

(2) We're going to see Yuka tomorrow. （否定文に）
We ＿＿＿＿＿＿ ＿＿＿＿＿＿ ＿＿＿＿＿＿ to see Yuka tomorrow.

(3) Bob is going to use this computer. （下線部が答えの中心になる疑問文に）
＿＿＿＿＿＿ ＿＿＿＿＿＿ going to use this computer?

(4) Are you and Tomo going to cook *tempura*? （no で答えなさい）
No, ＿＿＿＿＿＿ ＿＿＿＿＿＿.

3 アキの予定表に合うように，次の問いに指示された語数の英語で答えなさい。

木	おばさんの家に行く
金	サッカーの試合を見る
土	映画・買い物・夕食の準備
日	自分の部屋の掃除

(1) Is Aki going to visit her aunt next Friday? （3語）
＿＿＿＿＿＿＿＿＿＿＿＿＿＿＿＿＿＿＿＿＿＿

(2) Will Aki be busy next Saturday? （3語）
＿＿＿＿＿＿＿＿＿＿＿＿＿＿＿＿＿＿＿＿＿＿

(3) What is Aki going to do next Sunday? （7語）
＿＿＿＿＿＿＿＿＿＿＿＿＿＿＿＿＿＿＿＿＿＿

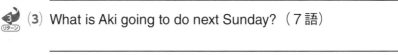

「あなたとトモは〜」という質問を受けているので，「私たちは〜」と答える。

11 いろいろな文型

〈show[give]＋人＋もの〉・〈look＋形容詞〉

重要ポイント TOP3

showの文の語順	前置詞の使い分け	look＋形容詞
〈show[give]＋人＋もの〉の語順を例文で覚える。	to を使う動詞と for を使う動詞を区別して覚える。	look のあとに形容詞がくるときは「〜に見える」の意味。

1 show，giveを使った文

(1) 「人にものを見せる」は〈**show** ＋人＋もの〉で表す。

Ken <u>showed</u> <u>Tom</u> <u>that picture</u>.（ケンはトムにあの写真を見せました。）
〈人〉〈もの〉

(2) 「人にものをあげる」は〈**give** ＋人＋もの〉で表す。

I <u>gave</u> <u>Ben</u> <u>some apples</u>.（私はベンにいくつかのりんごをあげました。）
〈人〉〈もの〉

(3) 〈人〉の部分に代名詞がくるときは，**目的格**。

I'll show <u>her</u> this map.（私は彼女にこの地図を見せましょう。）
└→目的格

2 〈動詞＋もの＋to[for]＋人〉の文

(1) 「人にものを〜する」は，前置詞 **to** や **for** を使ってほぼ同じ意味を表すことができる。どちらを使うかは動詞によって決まっている。

(2) to を使う動詞：give, show, tell, send, teach など

I gave Jun a cap.

→ I gave a cap **to** Jun.

(3) for を使う動詞：make, buy, cook, find など

Lisa made us salad.

→ Lisa made salad **for** us.

3 〈look＋形容詞〉の文

(1) 〈**look** ＋形容詞〉の形で「〜のように見える」の意味を表す。

You <u>look happy</u> today.（あなたは今日，うれしそうに見えます。）

(2) look は主語や時制によって**3単現の s** をつけたり，**過去形**にしたりする。

Ken <u>looks</u> sad now.（ケンは今，悲しそうに見えます。）
3人称単数 └→3単現の s

Kate <u>looked</u> busy yesterday.（ケイトは昨日，忙しそうに見えました。）
└→過去形

得点アップ

〈動詞＋人＋もの〉の形にできる動詞

① 〈send ＋人＋もの〉
・ My uncle **sent** me some vegetables.
② 〈buy ＋人＋もの〉
・ My father **bought** me this pen.
③ 〈cook ＋人＋もの〉
・ Emi **cooked** me delicious curry.
④ 〈make ＋人＋もの〉
・ I **made** Yui a big bag.
⑤ 〈tell ＋人＋もの〉
・ I'll **tell** you the truth.

〈もの〉が代名詞のとき

① ふつう，前置詞を使う文で表す。
・ I gave it **to** Tom.
　I gave ~~Tom it~~.

「〜に見える」で名詞を使うとき

① あとに名詞がくるときは 〈look like ＋名詞〉の形になる。
・ This rock **looks like** a lion.
（この岩はライオンのように見えます。）

〈動詞＋形容詞〉の文

① 〈sound ＋形容詞〉
・ Your plan **sounds** good.
（あなたの計画はよさそうに聞こえます。）
② 〈smell ＋形容詞〉
・ This shirt **smells** bad.
（このシャツはひどいにおいがします。）
③ 〈taste ＋形容詞〉
・ This fruit **tasted** sweet.
（この果物は甘い味がしました。）

サクッと練習

目標時間10分

　　分

1 次の英文の（　）内から最も適するものを選び，○で囲みなさい。

(1) You （looked, looked like） bored then.

(2) Joe gave （me an orange, an orange me）.

(3) Taku （wrote, found） this letter to me.

(4) Please show （they, them） the way to school.

2 次の各組の英文がほぼ同じ内容を表すように，＿＿＿に適する語を書きなさい。

(1) ｛ He sent us these pictures.
　　｛ He sent these pictures ＿＿＿＿＿＿ us.

(2) ｛ I'll cook Andy lunch.
　　｛ I'll cook lunch ＿＿＿＿＿＿ Andy.

(3) ｛ Please buy me a new T-shirt.
　　｛ Please buy a new T-shirt ＿＿＿＿＿＿ me.

(4) ｛ Did he teach you science?
　　｛ Did he teach science ＿＿＿＿＿＿ you?

3 次の日本文に合う英文になるように，（　）内の語を並べかえなさい。

(1) あなたのお姉さんは昨夜，疲れているように見えました。
（sister, last, looked, your, tired） night.

＿＿＿＿＿＿＿＿＿＿＿＿＿＿＿＿＿＿＿＿＿＿＿＿＿＿＿ night.

(2) タクは私たちに朝食を作りませんでした。
（breakfast, didn't, us, Taku, make）.

＿＿＿＿＿＿＿＿＿＿＿＿＿＿＿＿＿＿＿＿＿＿＿＿＿＿＿.

(3) 私はユカにこの話をしました。
（this, Yuka, I, to, told, story）.

＿＿＿＿＿＿＿＿＿＿＿＿＿＿＿＿＿＿＿＿＿＿＿＿＿＿＿.

 否定文でも〈人＋もの〉の語順はかわらない。

12 不定詞 ①
不定詞の基本3用法

重要ポイント TOP3

〈to＋動詞の原形〉	不定詞の3用法	不定詞の働き
主語の人称や時制に関係なく，常にこの形。	名詞的用法，形容詞的用法，副詞的用法の3つ。	文の中でそれぞれ，名詞や副詞，形容詞の働きをする。

1 不定詞の名詞的用法

(1) 不定詞〈to＋動詞の原形〉は「～すること」の意味を表し，**動詞の目的語，文の主語，文の補語**になる。

I like **to sing**. （私は歌うことが好きです。）
　　　　動詞の目的語

To sing is fun. （歌うことは楽しいです。）
文の主語

My hobby is **to sing**. （私の趣味は歌うことです。）
　　　　　　文の補語

2 不定詞の形容詞的用法

(1) 不定詞〈**to＋動詞の原形**〉は「～するべき」，「～するための」の意味を表し，**名詞をうしろから修飾**する。

I have many |things| **to learn**.
　　　　　　　　　└→「学ぶべき」
（私には学ぶべきたくさんのことがあります。）

(2) something, anything, nothing とともによく使われる。

Koji had |nothing| **to eat**.
　　　　　└→「食べるための」
（コウジは何も食べるものを持っていませんでした。）

3 不定詞の副詞的用法

(1) 「～するために」と**目的**を表す。

I came here **to buy** this cake.
　　　　　└──→ このケーキを買うために
（私はこのケーキを買うためにここに来ました。）

(2) 「～して（…だ）」と，**感情[気持ち]の原因**を表す。

I was happy **to eat** this cake.
　　　　　　└──→ このケーキを食べることができて
（私はこのケーキを食べることができて幸せでした。）

得点アップ

〈to＋動詞の原形〉が主語になるときは単数扱い

・ To walk **is** good for our health.
（歩くことは私たちの健康によいです。）

-thing に形容詞と不定詞がつくとき

① thing のあとに〈形容詞＋不定詞〉の語順
・ **something hot** to drink
「飲むための何か熱いもの」

〈to＋動詞の原形〉に前置詞がつくとき

・ I want a big house to live **in**.
「住むための家」
・ Ken has many friends to play **with**.
「いっしょに遊ぶための友達」

「～して」の意味の文でよく使われる形容詞

happy, glad
（うれしい）
sad（悲しい）
surprised（驚いて）
sorry
（申し訳なく思って）
excited
（わくわくして）
shocked
（ショックを受けて）

サクッと練習

目標時間10分

分

1 次の英文で [ ] 内の語を入れるのに最も適切な位置を選び，○で囲みなさい。

(1) I tried open this door . [to]
　　ア　イ　　ウ　　エ　　オ

(2) Yui will be glad get this present . [to]
　　　ア　イ　ウ　エ　オ　　　　　　カ

(3) This is the picture to you . [show]
　　　ア　イ　　　　ウ　エ　オ

(4) I go to college to French . [study]
　　ア　イ　ウ　　エ　　オ　　　　カ

2 次の英文の和訳を完成させなさい。

(1) To be a soccer player is my dream.
　　（　　　　　　　　　　　　　　　　　　　　　　）私の夢です。

(2) Why did you go there? ― To talk with Ken.
　　あなたはなぜ（　　　　　　　　　　　）。 ― ケンと（　　　　　　　　）です。

(3) I want something to read on the train.
　　私は電車で（　　　　　　　　　　　　　　　　　　）です。

(4) My father's job is to drive a taxi.
　　私の父の（　　　　　　　　　　　　　　　　　　　　）です。

3 次の日本文に合う英文になるように，（　）内の語を並べかえなさい。

(1) 私はそのニュースを聞いて驚いています。
　　I'm (hear, to, the, surprised, news).
　　I'm _____.

(2) あなたはいつ英語を勉強し始めましたか。
　　(you, to, did, study, start, when) English?
　　_____ English?

 Why 〜? の疑問文に対して，不定詞の副詞的用法で答えることができる。

13 不定詞 ②
いろいろな不定詞

重要ポイント TOP3

want to 〜	疑問詞＋to 〜	仮主語 it
want to 〜「〜したい」は不定詞の名詞的用法。	名詞句として働き，動詞の目的語となることが多い。	このitは訳さない。本当の主語は to 以下の不定詞句。

1 want to 〜「〜したい」

(1) 〈**want to** ＋動詞の原形〉の形で，「〜することを欲する」→「〜したい」という意味を表す。不定詞が動詞の目的語となる名詞的用法の１つ。

I **want to drink** water.（私は水を飲みたいです。）
「飲むことを欲する」→「飲みたい」

I **want to be** a teacher.（私は教師になりたいです。）
「〜であることを欲する」→「〜になりたい」

2 疑問詞＋to 〜

(1) 〈疑問詞 ＋ **to** ＋動詞の原形〉は，例えば what to 〜で「何を〜したらよいか」などと訳す。ひとかたまりで名詞の働きをし，動詞の目的語となることが多い。

I don't know **what to say**.（私は何と言えばいいのかわかりません。）
疑問詞＋ to ＋動詞の原形

(2) 動詞のあとに〈人〉がきて〈疑問詞 ＋ **to** ＋動詞の原形〉が続く，「人にものを〜する」の形で使うことも多い。

Tell me **where to go**.（どこへ行けばよいか私に教えて。）
〈動詞＋人＋疑問詞＋ to ＋動詞の原形〉の形

3 It is 〜（for 一）to ... の文

(1) 不定詞が主語となる文は，**仮主語 it** を使って，**It is 〜 to ...** の形で表すこともできる。

It is hard **to swim**.（泳ぐことは難しいです。）
仮主語　　　　真の主語＝「泳ぐこと」

(2) 不定詞の動作をだれがするのか明示したいときは **for** を使って，**It is 〜 for 一 to ...** の形にする。

It is hard for him **to swim**.（彼にとって泳ぐことは難しいです。）
「泳ぐ」の動作主は「彼」

〈疑問詞＋ to 不定詞〉

- **how to 〜**「どのように〜したらよいか，〜する方法」
  She knows **how to swim** well.
  （彼女は**泳ぎ方**をよく知っています。）
- **when to 〜**「いつ〜したらよいか」
  He didn't tell me **when to leave**.
  （彼は**いつ出発すればいいか**私に話しませんでした。）
- **where to 〜**「どこで[へ] 〜したらよいか」
  I don't know **where to buy** the ticket.
  （私は**どこでチケットを買ったらいいか**わかりません。）
- **which to 〜**「どちらを〜すればよいか」
  Tell me **which to choose**, please.
  （**どちらを選べばよいのか**私に教えてください。）

〈what / which ＋名詞＋ to 不定詞〉

- I didn't know **which book to buy**.
  （私は**どちらの本を買えばいいか**わかりませんでした。）

サクッと練習

目標時間10分

□分

1 次の英文の（　）内から最も適するものを選び，○で囲みなさい。

(1) I want（go，going，to go）fishing next Sunday.

(2) Please tell me（when，what，which）to watch TV.

(3)（Its，It's，That's）difficult for Tom to speak Japanese.

(4)（Was，Does，Did）he want to play soccer yesterday?

2 次の英文の和訳を完成させなさい。

(1) I asked my brother what to do next.

私は兄に，（　　　　　　　　　　　　　　　　　　　　）たずねました。

(2) Miwa did not want to practice the piano yesterday.

ミワは昨日，（　　　　　　　　　　　　　　　　　　　）。

(3) It was a good idea to visit him with you.

あなたといっしょに（　　　　　　　　　　　　　　　　　　）。

3 次の日本文に合う英文になるように，（　）内の語を並べかえなさい。

(1) 毎日朝食を食べることは大切ですか。

（eat，it，to，is，breakfast，important）every day?

_____ every day?

(2) あなたは将来，どの国を訪ねてみたいですか。

（you，visit，country，do，want，which，to）in the future?

_____ in the future?

(3) 私にこのコンピュータの使い方を教えてください。

（this，to，me，use，tell，computer，how），please.

_____, please.

 it の所有格と it is の短縮形は形がよく似ているので注意。

14 助動詞
can・must・have to

重要ポイント TOP3

can	must	have to
「〜できる」のほかに，許可・依頼の意味がある。	must は肯定文と否定文では意味がちがう。	have to は肯定文と否定文では意味がちがう。

1 「可能」「許可」「依頼」を表す文

(1) 〈**can** ＋動詞の原形〉は「〜することができる」の意味を表す。

You **can speak** English.（あなたは英語を話すことができます。）

(2) 〈**Can I** ＋動詞の原形 〜**?**〉は「〜してもいいですか」と許可を求める表現。

Can I use this pen?（このペンを使ってもいいですか。）

(3) 〈**Can you** ＋動詞の原形 〜**?**〉は「〜してくれませんか」と相手に依頼する表現。

Can you help me?（私を手伝ってくれませんか。）

2 「義務」を表す文

(1) 〈**must** ＋動詞の原形〉は「〜しなければならない」の意味。

You **must stay** here.（あなたはここにいなければなりません。）

(2) 〈**have to** ＋動詞の原形〉は「〜しなければならない」の意味。

I **have to finish** this work.（私はこの仕事を終えなければなりません。）

(3) 〈**have to** ＋動詞の原形〉の **have** は主語や時制によって **has** にしたり，過去形にするなど，一般動詞と同じように扱う。

I **had to do** this.（私はこれをしなければなりませんでした。）

Do you **have to do** this?（あなたはこれをしなければなりませんか。）

3 must, have toの否定文

(1) 〈**must not** ＋動詞の原形〉は「〜してはいけない」と禁止する表現。

You **must not go** out.（あなたは出かけてはいけません。）
= mustn't

(2) 〈**don't have to** ＋動詞の原形〉は「〜する必要はない」と不必要を表す表現。

You **don't have to help** me.
= do not

（あなたは私を手伝う必要はありません。）

得点アップ

You can 〜.

① 「〜してもよい」の意味もある。
・ You **can** use my bike.（あなたは私の自転車を使ってもいいです。）

同じ意味の表現

① Can I 〜?
= May I 〜?
（〜してもいいですか。）

② Can you 〜?
= Will you 〜?
（〜してくれませんか。）

ていねいな表現

① Could you 〜?
= Would you 〜?
（〜してくださいませんか。）

未来の義務を表すとき

① will have to 〜
・ You **will have to** clean this room.（あなたはこの部屋を掃除しなければならないでしょう。）

Must 〜? の疑問文の答え

・ Must I go out?
— Yes, you **must**.（はい，外へ出なければなりません。）
— No, you **don't have to**.（いいえ，外へ出る必要はありません。）

★ No, you **mustn't**. は「外へ出てはいけません。」の意味になる。

サクッと練習

目標時間10分 分

1 次の日本文に合う英文になるように，＿＿に適する語を書きなさい。

(1) この箱を開けてもいいですか。
_____ _____ open this box?

(2) 私はここでは日本語を話さなければなりませんか。
_____ _____ speak Japanese here?

(3) 私は歌をじょうずに歌うことができません。
I _____ _____ songs well.

(4) 彼らは早く帰宅する必要はありませんでした。
They _____ _____ _____ come home early.

2 次の各組の英文がほぼ同じ内容を表すように，＿＿に適する語を書きなさい。

(1) Don't swim in this river.
You _____ _____ swim in this river.

(2) Tom is a very fast runner.
Tom _____ _____ very fast.

(3) Jun must get up at seven.
Jun _____ _____ get up at seven.

3 次の英文を（ ）内の意味になるように書きかえなさい。

(1) Mika visits her English teacher. （～する必要はない）

_____

(2) We practiced tennis hard. （～しなければならなかった）

_____

(3) Do you take care of my dog? （～してくれませんか）

_____

「速いランナー」は「とても速く走ることができる」ということ。

15 接続詞
if・when・that・because

重要ポイント TOP3

if / when	that	because
if[when] 〜 の部分は未来のことでも現在形で表す。	that の前は疑問文・否定文になることもある。	why に答えるときだけ, because 節単独で使える。

1 接続詞 if / when

(1) **if** は「もし〜なら」, **when** は「〜とき」という意味。

Help me **if** you are free.（もしひまなら, 私を手伝って。）

I was studying **when** Ken called me.

（ケンが私に電話したとき, 私は勉強していました。）

(2) **if[when]** 〜の部分は, **未来のことでも現在形**で表す。

Call me **when** Eri **comes**.（エリが来たら, 私に電話して。）

(3) **If[When]** で始めるときは, 区切りの部分に**コンマ**を入れる。

When Eri comes, call me.

2 接続詞 that

(1) **that** は「〜ということ」の意味。

I think **that** Ken is cool.（私は, ケンはかっこいいと思います。）

(2) 接続詞 that は省略することができる。

Do you think（**that**）it will be fine tomorrow?

（あなたは, 明日晴れると思いますか。）

(3) 接続詞 that とともによく使われる動詞

think, know, hope, hear, say, believe

3 接続詞 because

(1) **because** は「〜ので」という意味。

We swam in the sea **because** it was very hot.

（とても暑かったので, 私たちは海で泳ぎました。）

(2) **Because** で始めるときは, 区切りの部分に**コンマ**を入れる。

Because it was very hot, we swam in the sea.

(3) **Why 〜?** の疑問文に **Because〜.** で答えることができる。

Why do you like him? ― **Because** he is kind.

（なぜ彼が好きなのですか。―彼が親切だからです。）

得点アップ

if, when の部分の日本語訳

① if 〜, when 〜 の部分から日本文にする。この部分に代名詞があるときは, 固有名詞と入れかえて訳すとよい。

・Yuka was crying when I saw her.

（私が**ユカ**に会ったとき, **彼女**は泣いていました。）

・I'll talk to Andy, if he comes here.

（**アンディー**がここに来たら, 私は**彼**に話すつもりです。）

命令文と, if を使った文の書きかえ

① 〈命令文, and 〜.〉

・**Get up** now, **and** you can catch the 7:00 train.

= If you get up now, you can catch the 7:00 train.

② 〈命令文, or 〜.〉

・**Get up** now, **or** you can't catch the 7:00 train.

= If you don't get up now, you can't catch the 7:00 train.

接続詞 that とともに使われる形容詞

・be **sure** that 〜（きっと〜だと思う）

・be **afraid** that 〜（〜を恐れている）

・be **sorry** that 〜（〜を残念に思う）

サクッと練習

目標時間10分 ⏱ ⑩ ___分

1 次の日本文に合う英文になるように，____に適する語を書きなさい。

(1) チズはとてもじょうずに歌うと，私は思います。

I _____ _____ Chizu sings very well.

(2) 疲れていたので，私は早く寝ました。

_____ I _____ tired, I went to bed early.

(3) もし今度の日曜日ひまなら，私を手伝ってくれませんか。

Will you help me _____ you _____ free next Sunday?

2 次の英文を和訳しなさい。

(1) Do you know Taku speaks English?

(　　　　　　　　　　　　　　　　　　　　　　　　　　　　　　)

(2) Yuri practices the piano hard because she wants to be a pianist.

(　　　　　　　　　　　　　　　　　　　　　　　　　　　　　　)

(3) If you have time before dinner, finish your homework.

(　　　　　　　　　　　　　　　　　　　　　　　　　　　　　　)

(4) My father often went fishing when he lived in Canada.

(　　　　　　　　　　　　　　　　　　　　　　　　　　　　　　)

3 次の日本文に合う英文になるように，（　）内の語を並べかえなさい。

(1) 楽しい時間を過ごせるといいですね。

I (time, you'll, a, hope, have, good).

I _____.

(2) もし明日晴れなら，テニスをしましょう。

Let's (it's, play, if, tomorrow, tennis, fine).

Let's _____.

> 「もしひまなら」という条件を表すときは，未来のことでも現在形で表す。

16 There is 〜./動名詞

重要ポイント TOP3

There is 〜.	動名詞	動名詞と不定詞
be 動詞は，あとに続く名詞や時制で使い分ける。	動名詞が変化して名詞の役割をするものと考える。	どちらかしか使わない動詞を覚えておく。

1 There is 〜.「〜がある」の文

(1) 「〜がある」は There is 〜. で表す。

There is a pen on the desk.（机の上にペンがあります。）

(2) 名詞が複数形のときや，過去のことを言うときなどで，**be 動詞をそれぞれ使い分ける**。

There were two **boys** in the room.（部屋に少年が2人いました。）

(3) 疑問文・否定文，答えの文は，**be 動詞の文のルール**を使う。

Were there two boys in the room?（部屋に少年が2人いましたか。）

— Yes, **there were**. / No, **there were not**.

2 動名詞

(1) 「〜すること」の意味を表し，**動詞の目的語**になる。

I like **playing** baseball.（私は野球をすることが好きです。）
　　　動詞の目的語

(2) 文の主語になるとき

Reading books is exciting.（本を読むことはわくわくします。）
主語

(3) 文の補語になるとき

My hobby is **running**.
　　　　　　補語

（私の趣味は走ることです。）

3 動名詞と不定詞

目的語	動詞の例	
動名詞，不定詞の両方	start, begin, like, love	We **started talking** with Ken. We **started to talk** with Ken. （話し始めた）
動名詞だけ	enjoy, finish, practice, stop	We **enjoyed talking** with Ken. （話すことを楽しんだ）
不定詞だけ	want, hope, decide, plan	We **wanted to talk** with Ken. （話したかった）

There is 〜. を使わないとき

① 特定できる人やものが，「いる」「ある」というときは，There is 〜. は使わない。

・ **Ken** is by the door.（ケンはドアのそばにいます。）

・ **My pen** is on the desk.（私のペンは机の上にあります。）

場所を表す前置詞

near the window（窓の近くに）
on the wall（壁に）

主語になる動名詞

① 単数として扱う。

・ Seeing **is** believing.（見ることは信じることです。）

前置詞のあとは動名詞

・ Thank you for **helping**. Thank you for ~~to help.~~ とはしない。

stop のあとの動名詞と不定詞

・ I stopped **singing**.（歌うことをやめた）

・ I stopped **to sing**.（歌うために立ち止まった）

★ to sing は stop の目的語ではない。

[　月　　日]

サクッと練習

目標時間10分
　　　分

 1 次の英文の（　）内から最も適するものを選び，○で囲みなさい。

(1) There are（some dogs,　a dog）in my room.

(2)（Was,　Were）there a tall tree in that park?

(3) I enjoyed（playing,　to play）tennis with Jane.

(4) Ken wanted（buying,　to buy）a new computer.

(5) Wash your hands before（eating,　to eat）.

2 次の日本文に合う英文になるように，（　）内の語を並べかえなさい。

(1) 買い物に出かけるのはどうですか。

（going,　how,　shopping,　out,　about,　for）?

_____?

(2) ひらがなを書くのはジョンにとって簡単です。

（for, *hiragana*, easy, writing, John, is）.

_____.

(3) 私のかばんの中にはボールが1つもありません。

（in,　there,　my,　aren't,　balls,　any）bag.

_____ bag.

3 次の英文を（　）内の指示通りに書きかえなさい。

(1) Are there any CDs on the desk?（yes で答えなさい）

_____

(2) I'm good at soccer.（playing を適する位置に入れて）

_____

(3) My job is to wash the cars.（下線部を1語の別の表現にして）

_____

 before は前置詞なので，あとに不定詞は続かない。

17 比較表現 ①

er, estを使う比較級, 最上級・as ～ as ... の文

重要ポイント TOP3

er, estのつけ方	ofとinの使い分け	as ～ as ... の文
y を i にかえたり, 最後の文字を重ねる語を覚える。	〈of ＋複数を表す語句〉，〈in ＋範囲や場所を表す語句〉	肯定文・否定文それぞれで語順を覚える。

1 比較級の文 (語尾に er をつける)

(1) 2つ，2人を比べて「…よりも～だ」というときは〈比較級 (er) ＋ than ...〉で表す。

I'm <u>older than</u> Ken.（私はケンよりも年上です。）

(2) 形容詞・副詞の語尾に er をつける。

多くの語	そのまま er をつける	old → older
e で終わる語	そのまま r をつける	cute → cuter
〈短母音＋子音字〉で終わる語	最後の文字を重ねて er をつける	big → bigger
語尾が〈子音字 + y〉で終わる語	y を i にかえて er をつける	busy → busier

2 最上級の文 (語尾に est をつける)

(1) 3つ，3人以上を比べて「…の中でいちばん～」というときは〈the ＋最上級 (est) ＋ of[in] ...〉で表す。

I'm <u>the oldest of</u> the three.（私は3人の中でいちばん年上です。）

(2) 形容詞・副詞の語尾に est をつける。

多くの語	そのまま est をつける	old → oldest
e で終わる語	そのまま st をつける	cute → cutest
〈短母音＋子音字〉で終わる語	最後の文字を重ねて est をつける	big → biggest
語尾が〈子音字 + y〉で終わる語	y を i にかえて est をつける	busy → busiest

3 as ～ as ... の文

(1) 2つ，2人を比べて「…と同じくらい～だ」というときは〈as ～ as ...〉で表す。

I'm <u>as old as</u> Kimie.（私はキミエと同じ年齢です。）

(2) as にはさまれる形容詞・副詞は原級(変化しないもとの形)。

15歳　　　15歳

得点アップ

比較級を強調する

① 比較級の前に much を置く。

・ I'm **much** older than Ken.

（私はケンよりも**ずっと**年上です。）

最上級の of と in

① of ＋数や複数を表す語句

・ Kei is the tallest **of the five.**

（ケイは**5人の中で**いちばん背が高い。）

② in ＋範囲や場所を表す語句

・ Kei is the tallest **in his class.**

（ケイは**彼のクラスで**いちばん背が高い。）

〈not as[so]～ as ...〉

① 「…ほど～ない」の意味。

・ I'm not as[so] young as Shin.

（私はシンほど若くありません。）

比較の文の書きかえ

① 「ケンはヒロよりも背が高い」という内容の文は，次のように表すことができる。

・ Ken is **taller than** Hiro.

・ Hiro is **not as tall as** Ken.

・ Hiro is **shorter than** Ken.

・ Ken is **not as short as** Hiro.

サクッと練習

目標時間10分
分

📖 **1** 次の英文の（　）内から最も適するものを選び，○で囲みなさい。

(1) This cookie is the （big,　bigger,　biggest） of the three.

(2) I usually get up （early,　earlier,　the earliest） than my mother.

(3) This river is as （wide,　wider,　widest） as that river.

(4) Is Japan （large,　larger,　largest） than Italy?

(5) Tom runs the fastest （in,　of,　at） his class.

2 次の日本文に合う英文になるように，＿＿＿に適する語を書きなさい。

(1) あなたは私の兄と同じくらい忙しいです。

You are ＿＿＿＿＿＿ ＿＿＿＿＿＿ ＿＿＿＿＿＿ my brother.

(2) ケンジは3人の中でいちばん若いですか。

Is Kenji ＿＿＿＿＿＿ ＿＿＿＿＿＿ ＿＿＿＿＿＿ the three?

(3) 私はトモよりも一生懸命に勉強しました。

I studied ＿＿＿＿＿＿ ＿＿＿＿＿＿ Tomo.

(4) この質問はあの質問よりも簡単です。

This question is ＿＿＿＿＿＿ ＿＿＿＿＿＿ that one.

✏️ **3** 次の日本文に合う英文になるように，（　）内の語を並べかえなさい。

(1) この箱は私のと同じくらい重いです。

（heavy,　box,　as,　this,　mine,　is,　as）.

＿＿＿＿＿＿＿＿＿＿＿＿＿＿＿＿＿＿＿＿＿＿＿＿＿＿＿.

(2) 日本では夏はいちばん暑い季節です。

（season,　is,　hottest,　in,　summer,　the） Japan.

＿＿＿＿＿＿＿＿＿＿＿＿＿＿＿＿＿＿＿＿＿＿ Japan.

(3) ジロウは私の家族でいちばん長く泳ぎました。

（the,　Jiro,　in,　swam,　my,　longest） family.

＿＿＿＿＿＿＿＿＿＿＿＿＿＿＿＿＿＿＿＿＿＿ family.

> 「いちばん暑い季節」は最上級で表す。

18 比較表現 ②
more, mostを使う比較級, 最上級・better, best

重要ポイント TOP3

| more, most 前にmore, most をつける語を覚える。 | better, best well, good の比較級は better, 最上級は best。 | likeの文 like 〜 better, like 〜 the best の形を覚える。 |

1 比較級の文（前にmoreを置く）

(1) 比較的つづりの長い形容詞・副詞は，前に more を置いて，比較級を作る。

This book is **more interesting than** that one.
（この本はあの本よりもおもしろいです。）

(2) 比較的つづりの長い形容詞・副詞

beautiful（美しい），popular（人気がある），famous（有名な），difficult（難しい），important（大切な），interesting（おもしろい）

2 最上級の文（前にmostを置く）

(1) 比較的つづりの長い形容詞・副詞は，前に most を置いて，最上級を作る。

This book is **the most interesting of** the three.
（この本は 3 冊の中でいちばんおもしろいです。）

(2) 注意したい形容詞・副詞

-ful で終わる語，〈形容詞 + ly〉で終わる語は，つづりが短くても more, most をつける。

・useful — more useful, most useful
・slowly — more slowly, most slowly

3 better, bestの文

(1) better は good, well の比較級

My mother cooks **better than** my sister.
（私の母は姉よりもじょうずに料理をします。）

(2) best は good, well の最上級

My mother cooks **the best in** my family.
（私の母は家族でいちばんじょうずに料理をします。）

得点アップ

不規則に変化する比較級・最上級

・many「多数の」
　 — more, most
・much「多量の」
　 — more, most
・bad「悪い」
　 — worse, worst
・little「少ない」
　 — less, least

「より好きだ」

・I like *sushi* **better** than *tempura*.
（私はてんぷらよりもすしのほうが好きです。）

「いちばん好きだ」

・I like *sushi* **the best** of all Japanese food.
（わたしはすべての日本食の中ですしがいちばん好きです。）

サクッと練習

⏱ 目標時間10分
　　　　分

1 あとの（　）内の語を適する形にかえて，＿＿に書きなさい。ただし，2語になるものもあります。

(1) This flower is ＿＿＿＿＿＿＿＿＿＿ than that one.（beautiful）

(2) I ran the ＿＿＿＿＿＿＿＿＿＿ of the five.（slowly）

(3) Did you come home ＿＿＿＿＿＿＿＿＿＿ than Ken?（early）

(4) I walked the ＿＿＿＿＿＿＿＿＿＿ in my family.（carefully）

(5) Your song was the ＿＿＿＿＿＿＿＿＿＿ of all.（good）

2 次の英文を（　）内の指示通りに書きかえるとき，＿＿に適する語を書きなさい。

(1) Kumi can't dance as well as Eri.（ほぼ同じ内容の文に）
Eri can dance ＿＿＿＿＿＿ ＿＿＿＿＿＿ Kumi.

(2) This CD is popular.（than that one をつけ加えて）
This CD is ＿＿＿＿＿＿ ＿＿＿＿＿＿ ＿＿＿＿＿＿ that one.

(3) That boy is famous.（in our school をつけ加えて最上級の文に）
That boy is ＿＿＿＿＿＿ ＿＿＿＿＿＿ ＿＿＿＿＿＿ in our school.

3 次の日本文に合う英文になるように，（　）内の語を並べかえなさい。

(1) 私は天ぷらよりもたこ焼きのほうが好きです。
（better, like, than, *takoyaki*, *tempura*, I）.

＿＿＿＿＿＿＿＿＿＿＿＿＿＿＿＿＿＿＿＿＿＿＿＿＿＿＿＿＿＿＿＿.

(2) サッカーはすべてのうちでいちばんわくわくするスポーツだと私は思います。
I think（most, of, sport, all, is, exciting, soccer, the）.
I think ＿＿＿＿＿＿＿＿＿＿＿＿＿＿＿＿＿＿＿＿＿＿＿＿＿＿.

(3) 理科は英語より難しいですか。
（English, difficult, science, more, than, is）?

＿＿＿＿＿＿＿＿＿＿＿＿＿＿＿＿＿＿＿＿＿＿＿＿＿＿＿＿＿＿?

 疑問文は，肯定文を作ってから考えるとよい。

19 受け身形

重要ポイント TOP3　　　　　　[　　月　　日]

過去分詞	疑問文・否定文	by以外を使うもの
特に不規則動詞の過去分詞を整理して覚える。	疑問文・否定文のルールは be 動詞の文と同じ。	下にあげたものを覚える。

1 受け身の文（現在）

(1) 「～される」「～されている」を受け身と言い，〈**be 動詞＋過去分詞**〉で表す。

This car **is washed** every week.（この車は毎週洗われます。）

(2) 規則動詞の過去分詞は過去形と同じ形。

不規則動詞の過去分詞

take ― taken, speak ― spoken, make ― made, build ― built, write ― written, know ― known, see ― seen

2 受け身の文（過去）

(1) 「～された」「～されていた」と，過去の文にするときは，**be** 動詞を過去形にする。

This car **was washed** last week.（この車は先週洗われました。）

(2) 「～によって」と行為者を言いたいときは〈**by ＋人**〉を過去分詞のあとに置く。

This car **was washed by** my father.

（この車は私の父によって洗われました。）

3 疑問文・否定文

(1) 疑問文は主語の前に **be** 動詞を置き，答えの文にも **be** 動詞を使う。

<u>Was</u> this car <u>washed</u> by your father?

― Yes, it <u>was</u>.

　No, it <u>was not</u>.
　　　　　＝ wasn't

(2) 否定文は **be** 動詞のあとに **not** を入れる。

This car <u>was</u> <u>not</u> <u>washed</u> by your father.

得点アップ

read の過去形と過去分詞

① read で，形は同じだが，[red]と読み，発音がちがう。
　→文脈や前後の語句から判断する。

by を使わない受け身の表現

・ be covered with ～
　（～でおおわれている）
・ be filled with ～
　（～で満たされている）
・ be known to ～
　（～に知られている）

「～でできている」

・ be made of ～
　→何でできているか，見てわかるとき
　…材料
　This desk is made of wood.
　（この机は木でできています。）
・ be made from ～
　→何でできているのか見てわからないとき
　…原料
　Wine is made from grapes.
　（ワインはブドウでできています。）

サクッと練習

目標時間10分

分

1 次の英文の( )内から最も適するものを選び，○で囲みなさい。

(**1**) This chair was （making, made, make） by Tom.

(**2**) Kobe （visits, is visited, is visit） by many people.

(**3**) Her children （are loved, are loving, loved） by her.

(**4**) What is this bird （call, calling, called） in America?

(**5**) This vegetable （doesn't, isn't, aren't） liked by children.

2 次の日本文に合う英文になるように，＿＿＿に適する語を書きなさい。

(**1**) このクラスでは３台のコンピュータが使われています。

Three computers ＿＿＿＿＿＿ ＿＿＿＿＿＿ ＿＿＿＿＿＿ this class.

(**2**) この手紙はユカによって書かれましたか。

＿＿＿＿＿＿ this letter ＿＿＿＿＿＿ ＿＿＿＿＿＿ Yuka?

(**3**) 朝食はふつう母によって作られます。

Breakfast ＿＿＿＿＿＿ usually ＿＿＿＿＿＿ ＿＿＿＿＿＿ my mother.

(**4**) バターは牛乳から作られます。

Butter ＿＿＿＿＿＿ made ＿＿＿＿＿＿ milk.

3 次の英文を( )内の指示通りに書きかえなさい。

(**1**) People in Japan love Mt. Fuji. （受け身の文に）

＿＿＿＿＿＿＿＿＿＿＿＿＿＿＿＿＿＿＿＿＿＿＿＿＿＿＿＿＿＿＿

(**2**) Was the man saved in the mountain? （yes で答えなさい）

＿＿＿＿＿＿＿＿＿＿＿＿＿＿＿＿＿＿＿＿＿＿＿＿＿＿＿＿＿＿＿

(**3**) Taku took many pictures in Sydney. （受け身の文に）

＿＿＿＿＿＿＿＿＿＿＿＿＿＿＿＿＿＿＿＿＿＿＿＿＿＿＿＿＿＿＿

> this class は行為者ではないので，by は使わない。

20 現在完了
継続・経験・完了

重要ポイント TOP3

肯定文（基本の形）
現在完了の文は〈have[has]＋過去分詞〉の形。

疑問文
疑問文は主語の前に have[has]を置く。

否定文
否定文は have [has]のあとに not を入れる。

1 継続の用法

(1) 〈**have**[**has**]＋**過去分詞**〉の形を**現在完了**という。「（ずっと）〜している」と，過去のある時点に始まった動作や状態が現在も**継続**中であることを表す。

Ben **has lived** in Osaka for ten years.
（ベンは 10 年間ずっと大阪に住んでいます。）

(2) 疑問文は〈**Have**[**has**]＋**主語**＋**過去分詞**〜**?**〉の語順で，答えの文にも **have**[**has**]を使う。

Have you **played** the piano for seven years?
— Yes, I **have**. / No, I **have not**.
　　　　　　　　　　　　　　= haven't

2 経験の用法

(1) 現在完了で「〜したことがある」と，今までの**経験**について表すこともある。ふつう，**疑問文には ever，否定文には never** を用いる。

Have you **ever visited** Okinawa?
（あなたは（今までに）沖縄を訪れたことがありますか。）
Chie **has never seen** Ken before.
（チエは以前に（1 度も）ケンに会ったことがありません。）

3 完了の用法

(1) 「（ちょうど）〜したところだ」「（もう）〜してしまった」と，過去に始まった動作が今は終わって（＝**完了**して）いることを表すこともある。

He **has** just **had** lunch.（彼はちょうど昼食を食べたところです。）
I **have** already **had** lunch.（私はすでに昼食を食べてしまいました。）

(2) **yet** は，否定文では「まだ（〜していない）」，疑問文では「もう（〜したか）」の意味を表す。

I **haven't seen** it yet.（私はまだそれを見ていません。）
Has he **seen** it yet?（彼はもうそれを見ましたか。）

現在完了と副詞（句）

① 〈継続〉の用法
for 〜（〜の間）
since 〜（〜から，〜以来）
how long（どのくらい（の期間））

② 〈経験〉の用法
once（1 回）
twice（2 回）
〜 times（〜回）
how many times ≒ how often（何回）

③ 〈完了〉の用法
just（ちょうど）
already（すでに）
yet（〈疑問文で〉もう，〈否定文で〉まだ）

have[**has**]**been to 〜**

① 〈経験〉の用法
I **have been to** Tokyo twice.（私は 2 度東京へ行ったことがあります。）
He **has never been to** U.K.（彼は英国へ 1 度も行ったことがありません。）

② 〈完了〉の用法
I **have** just **been to** the post office.（私はちょうど郵便局へ行ってきたところです。）

サクッと練習

1 次の英文の（　）内から最も適するものを選び，○で囲みなさい。

(1) My sister（have, has, is）just left home.

(2) Have you ever（see, seeing, seen）a famous singer?

(3) How（long, many, much）have you studied English?

(4) Kate has not finished her homework（already, just, yet）.

(5) I have（gone, been, visited）to London twice.

2 次の日本文に合う英文になるように，＿＿＿に適する語を書きなさい。

(1) 私の父は先週からずっと忙しいです。

My father ＿＿＿＿＿＿ ＿＿＿＿＿＿ busy ＿＿＿＿＿＿ last week.

(2) ビルはもう報告書を書いてしまいましたか。― はい，書いてしまいました。

＿＿＿＿＿＿ Bill ＿＿＿＿＿＿ the report ＿＿＿＿＿＿?

― Yes, he ＿＿＿＿＿＿.

(3) 彼らは1度もこのコンピュータを使ったことがありません。

They ＿＿＿＿＿＿ ＿＿＿＿＿＿ ＿＿＿＿＿＿ this computer.

(4) ユミとケンはすでにこれらの本を読んでしまいました。

Yumi and Ken ＿＿＿＿＿＿ ＿＿＿＿＿＿ ＿＿＿＿＿＿ these books.

3 次の日本文に合う英文になるように，（　）内の語を並べかえなさい。ただし，不要な語が1語だけ含まれています。

(1) 私たちはこの3日間テレビを見ていません。

We（watched, not, for, TV, since, have）three days.

We ＿＿＿＿＿＿＿＿＿＿＿＿＿＿＿＿＿＿＿＿ three days.

(2) ジョンは何度海外旅行をしたことがありますか。

（John, times, often, many, has, traveled, how）abroad?

＿＿＿＿＿＿＿＿＿＿＿＿＿＿＿＿＿＿＿＿ abroad?

> ☝ goneでは「行ったことがある」（経験）ではなく「行ってしまった」（完了・結果）の意味になる。

不規則動詞の変化表

	原形	過去形	過去分詞		原形	過去形	過去分詞
～になる	become	became	become	会う	meet	met	met
始める	begin	began	begun	置く	put	put	put
壊す	break	broke	broken	読む	read	read [red]	read [red]
持ってくる	bring	brought	brought	走る	run	ran	run
建てる	build	built	built	言う	say	said	said
買う	buy	bought	bought	見る	see	saw	seen
つかまえる	catch	caught	caught	売る	sell	sold	sold
来る	come	came	come	送る	send	sent	sent
切る	cut	cut	cut	見せる	show	showed	shown
する	do	did	done	歌う	sing	sang	sung
描く	draw	drew	drawn	座る	sit	sat	sat
飲む	drink	drank	drunk	眠る	sleep	slept	slept
運転する	drive	drove	driven	話す	speak	spoke	spoken
食べる	eat	ate	eaten	費やす	spend	spent	spent
感じる	feel	felt	felt	立つ	stand	stood	stood
見つける	find	found	found	泳ぐ	swim	swam	swum
与える	give	gave	given	取る	take	took	taken
行く	go	went	gone	教える	teach	taught	taught
打つ	hit	hit	hit	言う，話す	tell	told	told
知っている	know	knew	known	考える	think	thought	thought
去る	leave	left	left	理解する	understand	understood	understood
作る	make	made	made	書く	write	wrote	written

1 次の日本文に合う英文になるように，＿＿に適する語を書きなさい。(15点)　〔城北高〕

(1) 英語の授業は木曜日です。

We ＿＿＿＿＿ an English class on Thursday.

(2) 私はその会社の社員なのです。

I ＿＿＿＿＿ for the company.

(3) 「タクヤ，急いで！　待っているのよ。」「今行くところだよ。」

"Hurry up, Takuya! We are waiting." "I'm ＿＿＿＿＿."

2 次の英文の（　）に最も適するものを選び，記号を○で囲みなさい。(24点)

(1) Whose pencils are （　　　）?　〔神奈川〕

ア　that　　イ　those　　ウ　them　　エ　yours

(2) （　　　） do you say *okozukai* in English?　〔駿台甲府高〕

ア　What　　イ　Why　　ウ　Who　　エ　How

(3) She will travel to France if she （　　　） well.　〔慶應義塾志木高〕

ア　gets　　イ　got　　ウ　will get　　エ　would get

(4) She wants to become better at English （　　　） to the English CDs.

ア　by listening　　　　　　　　　イ　to listen　〔函館ラ・サール高〕

ウ　for hearing　　　　　　　　　エ　speaking on

3 次の会話が成り立つように，＿＿に適する語を書きなさい。(7点)　〔岐阜〕

Kumi : When is your birthday, Ann?

Ann : It's ＿＿＿＿＿ 1.

Kumi : Really? My birthday is one day earlier than yours.

Ann : So, you were born on January 31, right?

Kumi : That's right.

4 次の会話が成り立つように，（　）に適する文を下から選び，記号を○で囲みなさい。

(14 点)

(1) *A :* What time is it now?　〔北海道〕

　B : (　　　　　)

　A : Thank you.

　ア　Next month.　　　　　　　イ　Today is Tuesday.

　ウ　For three years.　　　　　　エ　It's nine o'clock.

(2) 〔In a classroom〕　〔福島〕

　A : This is a nice picture! There are beautiful mountains in it. (　　　　　)

　B : Maybe Ms. Baker did. She likes to climb mountains.

　ア　Who brought it here?　　　　イ　When was it taken?

　ウ　Do you like mountains?　　　エ　What is it like?

5 あとの（　）内の語を適する形にかえて，＿＿に書きなさい。(24 点)

(1) *A :* Are these Jane's notebooks?

　B : No. They are ＿＿＿＿＿＿＿. (I)

(2) *A :* Have you ever ＿＿＿＿＿＿＿ an English song? (sing)　〔以上，千葉〕

　B : Yes, I have.

(3) Finally, they ＿＿＿＿＿＿＿ that dangerous animal last night. (catch)　〔法政大第二高〕

6 次の会話が成り立つように，（　）内の語を並べかえ，2番目と4番目の□□にくる語の記号を答えなさい。(16 点)　〔秋田〕

(1) *A :* ＿＿＿＿ □□ ＿＿＿ □□ ＿＿＿ the best?

　B : My favorite food is pizza.　　2番目：[　　　]，4番目：[　　　]

　[ア　you　　イ　food　　ウ　do　　エ　like　　オ　what]

(2) *A :* Oh, you have a nice bag.

　B : Thank you. It ＿＿＿ □□ ＿＿＿ □□ ＿＿＿.

　[ア　made　　イ　jeans　　ウ　of　　エ　is　　オ　old]

　　　　　　　　　　　　　　　　2番目：[　　　]，4番目：[　　　]

1 次の会話が成り立つように，＿＿に適する語を書きなさい。(12点)

(1) *Tom :* ＿＿＿＿＿ subject do you like best?

　　John : English is my ＿＿＿＿＿ subject.

(2) *Ken :* I'm so thirsty. Do you have something ＿＿＿＿＿ ＿＿＿＿＿?

　　Sarah : No, I don't. ＿＿＿＿＿ don't you ask John?　　　〔以上，関西学院高〕

2 次の会話が成り立つように，（　）に適するものを下から選び，記号を○で囲みなさい。
(18点)

(1) 〔After school〕　　　　　　　　　　　　　　　　　　　　　　　　〔福島〕

　　A : Does your sister work in Kyoto?

　　B : Yes. She is a teacher. She （　　　） math at high school now.

　　ア　teach　　イ　teaching　　ウ　teaches　　エ　taught

(2) *A :* How much do you （　　　） on books a month?

　　B : About 1,000 yen. I read a weekly magazine.

　　ア　spend　　イ　buy　　ウ　read　　エ　sell

(3) *A :* Steve, can I use your car next Sunday? I want to go shopping in town.

　　B : Sorry, it's broken now, but you can maybe use my wife's. I'll ask her when she

　　　　（　　　） home tonight.　　　　　　　　　　　　　　　〔以上，青雲高〕

　　ア　came　　イ　come　　ウ　comes　　エ　will come

3 次の各組の英文がほぼ同じ内容を表すように，＿＿に適する語を書きなさい。(18点)

(1) ｛ Jim has a dream of becoming an astronaut.　　　　　　　　　〔久留米大附高〕

　　｛ Jim's dream is ＿＿＿＿＿ ＿＿＿＿＿ an astronaut.

(2) ｛ I will be free tomorrow.　　　　　　　　　　　　　　　　　　〔愛光高〕

　　｛ I will have ＿＿＿＿＿ ＿＿＿＿＿ do tomorrow.

4

次の英文の (1) ~ (6) に適するものを選び，それぞれ記号を○で囲みなさい。

(42点)〔栃木－改〕

I like music the best (1) all the subjects. The music teacher always (2) us that the sound of music can move people. I cannot speak well in front of people, (3) I think I can show my feelings through music. I learned (4) play the guitar in class last year. Now, I practice it every day. In the future, I want to visit a lot of countries and play the guitar there. If I can play music, I will get more (5) to meet people. Music (6) no borders, so I believe that I can make friends.

(1) ア at   イ for   ウ in   エ of

(2) ア says   イ tells   ウ speaks   エ talks

(3) ア but   イ or   ウ because   エ until

(4) ア how   イ how to   ウ the way   エ what to

(5) ア lessons   イ hobbies   ウ chances   エ spaces

(6) ア is   イ does   ウ has   エ becomes

5

次の会話が成り立つように， 1 ~ 3 に，あとの@~©の文をあてはめたとき，組み合わせとして最も適するものを下から選び，記号を○で囲みなさい。(10点) 〔福島〕

〔At a party〕

A : This cake is so good. 1

B : Of course. 2

A : Thank you. 3

B : No, my sister did.

[@ Did you make it?   ⓑ May I have more?   © Here you are.]

ア 1 —@, 2 —©, 3 —ⓑ

イ 1 —ⓑ, 2 —@, 3 —©

ウ 1 —ⓑ, 2 —©, 3 —@

エ 1 —©, 2 —ⓑ, 3 —@

1 次の英文に〔 〕内から最も適するものを選び，記号を○で囲みなさい。(20点)

(**1**) I am glad （　　　） that my friend is doing well in her new school.　　〔神奈川〕

〔ア　to hear　　イ　which hears　　ウ　hear about　　エ　can hear〕

(**2**) All the guests at the party enjoyed （　　　） until midnight.　　〔中央大杉並高〕

〔ア　to sing　　イ　to be sung　　ウ　singing　　エ　for singing〕

(**3**) Oliver is a good swimmer. He won today's （　　　）, and made a new school record in the 100-meter freestyle.　　〔青雲高〕

〔ア　pool　　イ　race　　ウ　lace　　エ　swim〕

(**4**) Please （　　　） me something about your new school life.　　〔函館ラ・サール高〕

〔ア　name　　イ　tell　　ウ　give to　　エ　speak to〕

(**5**) We're going to have a party at Harry's house this weekend. I'm （　　　） forward to meeting Sophie there.　　〔青雲高〕

〔ア　coming　　イ　enjoying　　ウ　looking　　エ　going〕

2 次の会話が成り立つように，最も適する語を下の語群から選び，適する形（1語）に かえて ____ に書きなさい。ただし，語群の単語はそれぞれ1度しか使えません。(16点)
〔沖縄〕

(**1**) A : Is Jack your friend?

B : Yes. We have _____ each other for ten years.

(**2**) A : Okinawa soba looks very delicious.

B : I think this is the _____ food of all in Okinawa.

(**3**) A : Do you like sports?

B : Yes. I love _____ soccer with my friends very much!

(**4**) A : Can you say that again? You speak too fast.

B : OK. I'll try to speak more _____.

語群： sing　　slow　　good　　know　　eat　　play

3 次の各組の英文がほぼ同じ内容を表すように，＿＿＿に適する語を書きなさい。(15点)

(1) She was happy because she saw him again. 〔実践学園高〕

She was happy ＿＿＿＿＿＿ ＿＿＿＿＿＿ him again.

(2) Junko can speak English better than Haruka. 〔法政大第二高〕

Haruka can't speak English ＿＿＿＿＿ ＿＿＿＿＿ ＿＿＿＿＿ Junko.

(3) Would you come over for lunch? 〔立教新座高〕

＿＿＿＿＿＿＿ don't you come over for lunch?

4 次の英文の下線部の不定詞と同じ用法のものを 1 つ選び，記号を○で囲みなさい。(7点)

Last Sunday I had a chance to watch a football game. 〔関西学院高〕

ア　He went to Paris to study music.

イ　To get up early is hard for me.

ウ　There are many places to visit in Japan.

5 次の会話が成り立つように，（　）内の語(句)を並べかえなさい。(24点)

(1) 〔At home〕 〔福島〕

A : (a picture book, bought, about, I, Tom) cars.

B : That's wonderful. It'll be a nice birthday present for him.

＿＿＿＿＿＿＿＿＿＿＿＿＿＿＿＿＿＿＿＿＿＿＿＿＿＿＿＿＿＿＿ cars.

(2) Taku : Blue, yellow, green, and white. 〔青森〕

(like, color, which, you, do) the best?

Jim　: Blue. What should I do if the shoes don't fit me?

＿＿＿＿＿＿＿＿＿＿＿＿＿＿＿＿＿＿＿＿＿＿＿＿＿＿＿ the best?

(3) Bill　　: What are these clothes? 〔山形〕

Megumi : They are furoshiki. They (used, something, wrap, when, are, you).

They ＿＿＿＿＿＿＿＿＿＿＿＿＿＿＿＿＿＿＿＿＿＿＿＿＿＿＿＿＿＿＿.

(4) A : The math test was very difficult. 〔沖縄〕

B : Really? It was (me, easy, answer, to, for) all the questions.

A : Oh, I didn't have time to finish the test.

It was ＿＿＿＿＿＿＿＿＿＿＿＿＿＿＿＿＿＿＿＿＿＿＿＿＿ all the questions.

6 レイナ（Reina）は，留学先のロンドンでホストファミリーが開いてくれる歓迎パーティーに出席することになりました。そこで挨拶することになり，次の原稿を準備しました。

あなたがレイナなら，(1)～(3)の内容をどのように英語で表しますか。それぞれ4語以上の英文を書き，次の原稿を完成させなさい。

ただし，I'm などの短縮形は1語として数え，コンマ(,)，ピリオド(.) などは語数に入れません。^(18点)　　　　　　　　　　　　　　　　　　　　　　　　〔三重〕

【原　稿】

Hello, everyone. My name is Reina. Nice to meet you.

(1)　5人家族だということ。

(2)　テニスが得意だということ。

(3)　英語を勉強するためにロンドンに来たということ。

Thank you.

---

(1) _____

(2) _____

(3) _____

中1・2 英語 サクッ!と 10分間で総復習
要点チェックカード

○ **Q.1** 次の英文を日本語にしなさい。
- □① I'm a high school student.
- □② You are from Kobe.
- □③ Kenta is in his room now.

○ **Q.2** 次の英文を日本語にしなさい。
- □① Is Yumi a tennis fan?
  — Yes, she is.
- □② That is not my cat.

○ **Q.3** 次の英文を日本語にしなさい。
- □① I speak English and Japanese.
- □② We use computers every day.
- □③ They eat *natto* for breakfast.

○ **Q.4** 次の英文を日本語にしなさい。
- □① Do your friends like pizza?
  — Yes, they do.
- □② I don't read *manga*.

○ **Q.5** 次の英文を日本語にしなさい。
- □① I have two dogs.
- □② I want some cookies.
- □③ Do you have any pencils?

○ **Q.6** 次の英文を日本語にしなさい。
- □① They are Mr. Brown's children.
- □② These are famous cities.
- □③ Are those your boxes?

○ **Q.7** 次の英文を日本語にしなさい。
- □① I don't have any pets.
- □② I like animals very much.
- □③ How many watches do you have?

○ **Q.8** 次の英文を日本語にしなさい。
- □① Nao plays the piano well.
- □② My father has a new camera.
- □③ Jim carries many boxes every day.

○ **Q.9** 次の英文を日本語にしなさい。
- □① Does Ms. Oka teach math?
  — Yes, she does.
- □② Lisa does not watch TV.

○ **Q.10** 次の英文を日本語にしなさい。
- □① What does Kei do before dinner?
  — He does his homework.
- □② Who wants this car?

○ **Q.11** 次の英文を日本語にしなさい。
- □① Whose pen is that?
- □② What subject do you like?
- □③ Which is your bag?

Q.1 日本語に合うように，（ ）に語を入れなさい。

□① ( )( ) high school student.
私は高校生です。

□② ( )( ) from Kobe.
あなたは神戸の出身です。

□③ Kenta ( )( ) his room now.
ケンタは今，彼の部屋にいます。

要点チェックカードの使い方

◎覚えておきたい重要例文を選びました。答えは反対面に示しています。

◎----線にそって切りはなし，パンチでとじ穴をあけて，カードにしましょう。リングに通しておくと便利です。

Q.3 日本語に合うように，（ ）に語を入れなさい。

□① ( )( ) English and Japanese.
私は英語と日本語を話します。

□② ( )( ) computers every day.
私たちは毎日コンピュータを使います。

□③ ( )( ) natto for breakfast.
彼らは朝食に納豆を食べます。

Q.2 日本語に合うように，（ ）に語を入れなさい。

□① ( )( ) a tennis fan?
ユミはテニスのファンですか。
— Yes, ( )( ).
— はい，そうです。

□② That ( )( ) my cat.
あれは私のネコではありません。

Q.5 日本語に合うように，（ ）に語を入れなさい。

□① I have ( )( ).
私は2匹のイヌを飼っています。

□② I want ( )( ).
私はクッキーを何枚かほしいです。

□③ Do you have ( )( )?
あなたは鉛筆を(何本か)持っていますか。

Q.4 日本語に合うように，（ ）に語を入れなさい。

□① ( ) your friends ( ) pizza?
あなたの友人たちはピザが好きですか。
— Yes, ( )( ).
— はい，好きです。

□② I ( )( ) manga.
私はマンガを読みません。

Q.7 日本語に合うように，（ ）に語を入れなさい。

□① I don't have ( )( ).
私はペットを1匹も飼っていません。

□② I like ( ) very much.
私は動物がとても好きです。

□③ How ( )( ) do you have?
あなたはいくつ腕時計を持っていますか。

Q.6 日本語に合うように，（ ）に語を入れなさい。

□① ( ) are Mr. Brown's ( ).
彼らはブラウンさんの子どもたちです。

□② ( ) are famous ( ).
これらは有名な都市です。

□③ Are ( ) your ( )?
あれらはあなたの箱ですか。

Q.9 日本語に合うように，（ ）に語を入れなさい。

□① ( ) Ms. Oka ( ) math?
オカ先生は数学を教えますか。
— Yes, ( )( ).
— はい，教えます。

□② Lisa ( ) not ( ) TV.
リサはテレビを見ません。

Q.8 日本語に合うように，（ ）に語を入れなさい。

□① Nao ( ) the piano well.
ナオは上手にピアノをひきます。

□② My father ( ) a new camera.
私の父は新しいカメラを(1つ)持っています。

□③ Jim ( ) many boxes every day.
ジムは毎日たくさんの箱を運んでいます。

Q.11 日本語に合うように，（ ）に語を入れなさい。

□① ( )( ) is that?
あれはだれのペンですか。

□② ( )( ) do you like?
あなたは何の教科が好きですか。

□③ ( )( ) your bag?
どちらがあなたのかばんですか。

Q.10 日本語に合うように，（ ）に語を入れなさい。

□① What ( ) Kei ( ) before dinner?
ケイは夕食前に何をしますか。
— He ( ) his homework.
— 彼は宿題をします。

□② Who ( ) this car?
だれがこの車をほしがっているのですか。

Q.13
日本語に合うように，（　）に語を入れなさい。

□① （　）（　）is your dog?
あなたのイヌは何歳ですか。

□② （　）（　）you like this bird?
あなたはなぜこの鳥が好きなのですか。

— （　）it is cute.
—（なぜなら）それがかわいいからです。

Q.12
日本語に合うように，（　）に語を入れなさい。

□① （　）（　）you study?
あなたはいつ勉強しますか。

□② （　）（　）your cat?
あなたのネコはどこにいますか。

□③ （　）（　）Tom come here?
トムはどうやってここへ来ますか。

Q.15
日本語に合うように，（　）に語を入れなさい。

□① （　）（　）shopping.
買い物に行きましょう。

□② （　）a good student.
よい生徒でいなさい。

□③ （　）（　）noisy.
うるさくしてはいけません。

Q.14
日本語に合うように，（　）に語を入れなさい。

□① （　）the window.
窓を開けなさい。

□② （　）（　）into the room.
部屋に入ってきてはいけません。

□③ （　）（　）me.
私を手伝ってください。

Q.17
日本語に合うように，（　）に語を入れなさい。

□① （　）you（　）this pen?
あなたはこのペンを使いましたか。

— Yes, （　）（　）.
— はい，使いました。

□② You（　）（　）help your teacher.
あなたはあなたの先生を手伝いませんでした。

Q.16
日本語に合うように，（　）に語を入れなさい。

□① I（　）the piano yesterday.
私は昨日，ピアノをひきました。

□② Mike（　）this car last week.
マイクは先週，この車を洗いました。

□③ （　）it（　）hard yesterday?
昨日，ひどく雨が降りましたか。

Q.19
日本語に合うように，（　）に語を入れなさい。

□① I（　）this letter（　）.
私は昨日，この手紙を書きました。

□② Sam（　）this book（　）Sunday.
サムはこの前の日曜日，この本を読みました。

□③ Mayu（　）（　）（　）new shoes.
マユは新しい靴を買いませんでした。

Q.18
日本語に合うように，（　）に語を入れなさい。

□① Ken（　）（　）in Canada.
ケンはカナダに住んでいませんでした。

□② When（　）you（　）the drama?
あなたはいつドラマを見ましたか。

— I（　）it（　）（　）.
— 私は昨日の夜，それを見ました。

Q.21
日本語に合うように，（　）に語を入れなさい。

□① We（　）（　）to music now.
私たちは今，音楽を聞いていません。

□② （　）are you（　）now?
あなたは今，何をしていますか。

□③ Ken（　）（　）in the park.
ケンは公園を走っていました。

Q.20
日本語に合うように，（　）に語を入れなさい。

□① （　）（　）curry now.
私は今，カレーを料理しています。

□② （　）you（　）a book now?
あなたは今，本を読んでいますか。

— Yes, （　）（　）.
— はい，そうです。

Q.23
日本語に合うように，（　）に語を入れなさい。

□① My father（　）（　）home soon.
私の父はまもなく帰宅するでしょう。

□② （　）you（　）to the party?
あなたはパーティーに行くつもりですか。

□③ I（　）（　）out today.
私は今日，出かけるつもりはありません。

Q.22
日本語に合うように，（　）に語を入れなさい。

□① （　）the babies（　）then?
そのとき，赤ちゃんたちは泣いていましたか。

□② I was（　）（　）then.
私はそのとき，眠っていませんでした。

□③ （　）were you（　）?
あなたはどこで勉強していましたか。

○ Q12 次の英文を日本語にしなさい。

□① When do you study?

□② Where is your cat?

□③ How does Tom come here?

○ Q13 次の英文を日本語にしなさい。

□① How old is your dog?

□② Why do you like this bird?

　　— Because it is cute.

○ Q14 次の英文を日本語にしなさい。

□① Open the window.

□② Don't come into the room.

□③ Please help me.

○ Q15 次の英文を日本語にしなさい。

□① Let's go shopping.

□② Be a good student.

□③ Don't be noisy.

○ Q16 次の英文を日本語にしなさい。

□① I played the piano yesterday.

□② Mike washed this car last week.

□③ Did it rain hard yesterday?

○ Q17 次の英文を日本語にしなさい。

□① Did you use this pen?

　　— Yes, I did.

□② You did not help your teacher.

○ Q18 次の英文を日本語にしなさい。

□① Ken didn't live in Canada.

□② When did you watch the drama?

　　— I watched it last night.

○ Q19 次の英文を日本語にしなさい。

□① I wrote this letter yesterday.

□② Sam read this book last Sunday.

□③ Mayu did not buy new shoes.

○ Q20 次の英文を日本語にしなさい。

□① I'm cooking curry now.

□② Are you reading a book now?

　　— Yes, I am.

○ Q21 次の英文を日本語にしなさい。

□① We aren't listening to music now.

□② What are you doing now?

□③ Ken was running in the park.

○ Q22 次の英文を日本語にしなさい。

□① Were the babies crying then?

□② I was not sleeping then.

□③ Where were you studying?

○ Q23 次の英文を日本語にしなさい。

□① My father will come home soon.

□② Will you go to the party?

□③ I won't go out today.

□① I'm going to visit China.

□② Are you going to be a doctor?

□③ We aren't going to swim here.

□① Tom gave me this watch.

□② Did you buy a cap for Kei?

□③ Yuka showed her album to us.

□① I'll send Yuki a birthday card.

□② That boy looked happy yesterday.

□③ You look tired today.

□① Do you like to watch TV?

□② To play the piano is fun.

□③ My dream is to study abroad.

□① I have some work to finish.

□② Give me something to eat.

□③ I want something cold to drink.

□① We came here to help you.

□② I went to the park to play tennis.

□③ I was happy to hear the news.

□① We're sad to read the story.

□② Why did you get up early?

　　 — To catch the first train.

□① I don't want to go there.

□② He knows how to use it.

□③ It's easy for you to swim.

□① I can speak English and Chinese.

□② Can I use this camera?

□③ Can you go shopping together?

□① You must get up early.

□② You mustn't open this door.

□③ We have to write a report.

□① You don't have to wash the dishes.

□② Did you have to go home at ten?

　　 — No, we didn't have to.

□① If it rains tomorrow, I'll stay home.

□② When you talk, speak slowly.

□③ I was sleeping when you called me.

Q25 日本語に合うように、( )に語を入れなさい。

☐① Tom ( )( ) this watch.
トムは私にこの腕時計をくれました。
☐② Did you ( ) a cap ( ) Kei?
あなたはケイに帽子を買いましたか。
☐③ Yuka ( ) her album ( ) us.
ユカは私たちに彼女のアルバムを見せてくれました。

Q24 日本語に合うように、( )に語を入れなさい。

☐① I'm ( )( )( ) China.
私は中国を訪れる予定です。
☐② ( ) you ( )( ) be a doctor?
あなたは医者になるつもりですか。
☐③ We ( )( ) to swim here.
私たちはここで泳ぐつもりはありません。

Q27 日本語に合うように、( )に語を入れなさい。

☐① Do you ( )( )( ) TV?
あなたはテレビを見るのが好きですか。
☐② ( )( ) the piano is fun.
ピアノをひくことはおもしろい。
☐③ My dream is ( )( ) abroad.
私の夢は外国で勉強することです。

Q26 日本語に合うように、( )に語を入れなさい。

☐① I'll ( )( ) a birthday card.
私はユキに誕生日カードを送るつもりです。
☐② That boy ( )( ) yesterday.
あの少年は昨日、幸せそうでした。
☐③ You ( )( ) today.
あなたは今日、疲れているように見えます。

Q29 日本語に合うように、( )に語を入れなさい。

☐① We came here ( )( ) you.
私たちはあなたを手伝うためにここに来ました。
☐② I went to the park ( )( ) tennis.
私はテニスをしに公園へ行きました。
☐③ I was happy ( )( ) the news.
私はその知らせを聞いてうれしかった。

Q28 日本語に合うように、( )に語を入れなさい。

☐① I have some ( )( )( ).
私には終えるべき仕事がいくらかあります。
☐② Give me ( )( )( ).
私に何か食べる物をください。
☐③ I want ( )( )( )( ).
私は何か冷たい飲み物がほしいです。

Q31 日本語に合うように、( )に語を入れなさい。

☐① I don't ( )( ) go there.
私はそこへ行きたくありません。
☐② He knows ( )( ) use it.
彼はそれの使い方を知っています。
☐③ ( ) easy ( ) you ( ) swim.
あなたにとって泳ぐことは簡単です。

Q30 日本語に合うように、( )に語を入れなさい。

☐① We're ( )( )( ) the story.
私たちはその物語を読んで悲しいです。
☐② ( ) did you get up early?
あなたはなぜ早く起きたのですか。
— ( )( ) the first train.
— 始発列車に乗るためです。

Q33 日本語に合うように、( )に語を入れなさい。

☐① You ( )( ) up early.
あなたは早起きしなければなりません。
☐② You ( )( ) this door.
あなたはこのドアを開けてはいけません。
☐③ We ( )( ) a report.
私たちはレポートを書かなければなりません。

Q32 日本語に合うように、( )に語を入れなさい。

☐① I ( )( ) English and Chinese.
私は英語と中国語を話すことができます。
☐② ( )( ) use this camera?
このカメラを使ってもいいですか。
☐③ ( )( ) go shopping together?
いっしょに買い物に行ってくれませんか。

Q35 日本語に合うように、( )に語を入れなさい。

☐① ( ) it ( ) tomorrow, I'll stay home.
もし明日雨が降れば、私は家にいます。
☐② ( ) you talk, speak slowly.
話をするときは、ゆっくり話しなさい。
☐③ I was sleeping ( ) you called me.
あなたが私に電話したとき、私は寝ていました。

Q34 日本語に合うように、( )に語を入れなさい。

☐① You ( )( )( ) wash the dishes.
あなたはお皿を洗う必要はありません。
☐② ( ) you ( )( ) go home at ten?
あなたたちは10時に帰らなければなりませんでしたか。
— No, we ( )( )( ).
— いいえ、その必要はありませんでした。

□① I enjoyed ( ) at the party.
私はパーティーで歌って楽しみました。

□② ( ) soccer is fun.
サッカーをすることは楽しいです。

□③ My hobby is ( ).
私の趣味は走ることです。

□① I ( ) ( ) Yuka likes cookies.
私は，ユカはクッキーが好きだと知っています。

□② Do you ( ) Ken is from Japan?
あなたは，ケンは日本の出身だと知っていますか。

□③ I'm tired ( ) I couldn't sleep.
眠れなかったので，私は疲れています。

□① Ken is ( ) ( ) Yuji.
ケンはユウジよりも背が高いです。

□② This road is ( ) ( ) that one.
この道路はあれよりも（幅が）広いです。

□③ My bag is ( ) ( ) yours.
私のかばんはあなたのよりも重いです。

□① ( ) ( ) a picture on the wall.
壁に1枚の絵があります。

□② ( ) there any ( ) in the room?
部屋に（何匹か）ネコはいますか。

□③ There ( ) ( ) any apples.
リンゴは1つもありませんでした。

□① My father is ( ) ( ) ( ) your father.
私の父はあなたのお父さんと同じ年齢です。

□② Ai gets up ( ) ( ) ( ) Emi.
アイはエミと同じくらい早く起きます。

□③ I'm ( ) ( ) ( ) ( ) you.
私はあなたほど背が高くありません。

□① You run ( ) ( ) ( ) our class.
あなたは私たちのクラスでいちばん速く走ります。

□② This cap is ( ) ( ) ( ) the three.
この帽子は3つの中でいちばんかわいいです。

□③ Joe is ( ) ( ) ( ) his family.
ジョーは彼の家族でいちばん忙しいです。

□① Mike can sing ( ) ( ) Ken.
マイクはケンよりもじょうずに歌うことができます。

□② You speak English ( ) ( ) ( ) the three.
あなたは3人のうちでいちばんじょうずに英語を話します。

□③ You are ( ) ( ) singer ( ) this class.
あなたはこのクラスでいちばんじょうずな歌い手です。

□① This picture is ( ) ( ) ( ) that.
この絵はあれよりも美しいです。

□② This question is ( ) ( ) ( ) that.
この問題はあれよりも難しいです。

□③ English is ( ) ( ) ( ) math.
英語は数学と同じくらい重要です。

□① This doll ( ) ( ) ( ) Mai.
この人形はマイによって作られたのではありませんでした。

□② What ( ) this animal ( ) in English?
この動物は英語で何と呼ばれていますか。

□③ Cheese ( ) ( ) ( ) milk.
チーズは牛乳から作られます。

□① Spanish ( ) ( ) in Mexico.
メキシコではスペイン語が話されています。

□② This chair ( ) ( ) ( ) Ken.
このイスはケンによって作られました。

□③ ( ) this computer ( ) ( ) Tom?
このコンピュータはトムによって使われますか。

□① Sam ( ) ( ) touched it.
サムは1度もそれに触ったことがありません。

□② She ( ) ( ) ( ) the work.
彼女はちょうどその仕事を終えたところです。

□③ ( ) you ( ) the book ( )?
あなたはもうその本を読んでしまいましたか。

□① I ( ) ( ) here ( ) ten years.
私はここに10年間（ずっと）住んでいます。

□② ( ) he ( ) busy ( ) yesterday?
彼は昨日から（ずっと）忙しいのですか。

□③ ( ) ( ) ( ) you visited Osaka?
あなたは何回大阪を訪れたことがありますか。

○ Q36 次の英文を日本語にしなさい。
□① I know that Yuka likes cookies.
□② Do you know Ken is from Japan?
□③ I'm tired because I couldn't sleep.

○ Q37 次の英文を日本語にしなさい。
□① I enjoyed singing at the party.
□② Playing soccer is fun.
□③ My hobby is running.

○ Q38 次の英文を日本語にしなさい。
□① There is a picture on the wall.
□② Are there any cats in the room?
□③ There were not any apples.

○ Q39 次の英文を日本語にしなさい。
□① Ken is taller than Yuji.
□② This road is wider than that one.
□③ My bag is heavier than yours.

○ Q40 次の英文を日本語にしなさい。
□① You run the fastest in our class.
□② This cap is the cutest of the three.
□③ Joe is the busiest in his family.

○ Q41 次の英文を日本語にしなさい。
□① My father is as old as your father.
□② Ai gets up as early as Emi.
□③ I'm not as tall as you.

○ Q42 次の英文を日本語にしなさい。
□① This picture is more beautiful than that.
□② This question is more difficult than that.
□③ English is as important as math.

○ Q43 次の英文を日本語にしなさい。
□① Mike can sing better than Ken.
□② You speak English the best of the three.
□③ You are the best singer in this class.

○ Q44 次の英文を日本語にしなさい。
□① Spanish is spoken in Mexico.
□② This chair was made by Ken.
□③ Is this computer used by Tom?

○ Q45 次の英文を日本語にしなさい。
□① This doll wasn't made by Mai.
□② What is this animal called in English?
□③ Cheese is made from milk.

○ Q46 次の英文を日本語にしなさい。
□① I have lived here for ten years.
□② Has he been busy since yesterday?
□③ How often have you visited Osaka?

○ Q47 次の英文を日本語にしなさい。
□① Sam has never touched it.
□② She has just finished the work.
□③ Have you read the book yet?

中1・2の英語
解答編

1 be動詞

本文 p.2

1 (1)is (2)aren't (3)I'm (4)Is

2 (1)Is that, it isn't[it's not]
   (2)and, are not (3)This is, He's
   (4)is not, is

3 (1)Is, He (2)Are, we are
   (3)Is, or, She's

解説

1 (1)「私の父は英語の先生です。」
(2)「あなたは中国の出身ではありません。」
(3)「私は今,スミス先生といっしょにいません。」
  You, He を選ぶと,文中に動詞がなくなるので,I am の短縮形の I'm が適切。
(4)「これはあなたの人形ですか,それともユカリの人形ですか。」「それはユカリのです。」

2 (1)答えの文は解答欄の数から短縮形を使う。
  is not = isn't

(2)Naoki and Kenta は複数なので,主語になるときの be 動詞は are。
(3)「こちらは~です。」は This is ~. で表す。
(4)動物はふつう,it で受けるが,自分が飼っているペットは性別がわかっているので,he か she を使うことが多い。

3 (1)答えの文では that boy を he に置きかえる。A「あの少年はジムですか」B「いいえ。彼は私の友達のボブです。」
(2)答えの文の主語は you と聞かれた人が答えると考える。A「あなたとタロウは日本の出身ですか」B「はい,そうです。」
(3)答えの文は解答欄の数から She is の短縮形 She's を使う。A「あの女の子はカズミですか,それともチヅルですか。」B「彼女はチヅルです。」

> **POINT** 3(3)「A ですか,それとも B ですか」は,A or B で表す。答えるときは,yes / no ではなく,A か B のどちらなのかを答える。

2 一般動詞

本文 p.4

1 ア,ウ,エ,キ,ク

2 (1)I[We] play (2)No, don't
   (3)Yes, do

3 (1)I do not go to school by
   (2)Do you cook breakfast or
   (3)They don't get up at seven every

解説

1 ア「トムとナオコは速く走ります。」イ「あなたは神戸の出身です。」ウ「あなたは歩いて学校に行きます。」エ「私たちはマンガを読みます。」オ「私は疲れています。」カ「私の父は技師です。」キ「彼らはサッカーを練習します。」ク「私は(1本の)傘がほしいです。」

2 (1)play を使って,どちらのスポーツをするかを答える。A「あなたはテニスをしますか,それともサッカーをしますか。」B「私はサッカーをします。」
(2)(イヌではなく)ネコを飼っている,と続けているので,no で答える。A「彼らは大きなイヌを飼っていますか。」B「いいえ,飼っていません。彼らは小さなネコを飼っています。」
(3)(使うが)父のものだ,と続けているので,yes で答える。A「あなたはこのコンピュータを使いますか。」B「はい,使います。でも,それは父のものです。」

3 (1)一般動詞の否定文。go の前に do not を置く。「バスで」= by bus
(2)一般動詞の疑問文。Do you cook のあとに「朝食か夕食」を続ける。
(3)一般動詞の否定文。「起きる」= get up,「毎日」= every day

> **POINT** 1 一般動詞は,be 動詞以外の動詞。

3 名詞の複数形

本文p.6

1 (1)three　(2)birds　(3)any
　　(4)rackets

2 (1)brothers, sister
　　(2)tomatoes
　　(3)We are, players
　　(4)many teachers

3 (1)I don't[do not] need any eggs
　　for breakfast.
　　(2)You have three children.
　　(3)How many chairs do they want?

解説

1 (1)pens は複数形なので，前には複数を表す
語がくる。「私は3本のペンを持っています。」
(2)many のあとにあるので，複数形の名詞を続
ける。「私たちはあの木にたくさんの鳥が見
えます。」

(3)疑問文なので，any を使う。「あなたはボー
ルを（いくつか）持っていますか。」
(4)How many のあとにあるので，複数形の名
詞を続ける。「あなたは何本のラケットを持っ
ていますか。」

2 (1)two のあとは複数形, one のあとは単数形。
(2)「トマト」= tomato の複数形は es をつける。
(3)「私たちは」= we に合う be 動詞は are。こ
のあとにくる名詞も複数形に。「選手」=
player を players とする。
(4)「何人の」= how many

3 (1)some は否定文ではふつう, any にかえる。
(2)child の複数形は, children と不規則に変化
する。
(3)数をたずねるときは, How many を使う。

POINT **2**(2)「〜が好きだ」というとき, like
のあとに数えられる名詞がくるときは，複数形
にする。

4 3人称単数現在

本文p.8

1 (1)watches　(2)has　(3)practices
　　(4)drinks　(5)studies

2 (1)Does, use, he does
　　(2)listens to　(3)goes to
　　(4)does not

3 (1)May doesn't speak Chinese at
　　(2)Does he teach English to you

解説

1 いずれも主語が3人称単数。
(1)watch は ch で終わっているので，es をつけ
る。「トムは毎週日曜日にこのドラマを見ます。」
(2)have は has と特別な形になる。「私の父は
よいペンを持っています。」
(3)practice は e で終わっているので，s だけを
つける。「ヒロコは放課後テニスを練習します。」
(4)drink はそのまま s をつける。「オカさんは

毎朝牛乳を飲みます。」
(5)study は語尾が〈子音字＋y〉で終わってい
るので，y を i にかえて es をつける。「彼は
熱心に数学を勉強します。」

2 (1)「使う」は use で一般動詞。主語の your
brother は3人称単数なので，疑問文・答え
の文には does を使う。
(2)「〜を聞く」= listen to 〜
(3)「〜に行く」= go to 〜
(4)「来る」は come で一般動詞。主語の Risa
から否定文には does not を使う。

3 (1)「話しません」は一般動詞 speak の否定文。
〈主語＋ doesn't ＋一般動詞 〜.〉の語順にす
る。「家で」= at home
(2)「教えますか」は一般動詞 teach の疑問文。
〈Does ＋主語＋一般動詞 〜?〉の語順にする。

POINT **2**(1)(4)疑問文・否定文では，一般動詞
の文と be 動詞の文とで作り方が違うので，動
詞の部分をよく見る。

5 疑問詞を使った疑問文 ①

本文p.10

1 (1)イ (2)ア (3)ウ (4)ウ

2 (1)Whose, It's (2)Which, or
(3)What do

3 (1)What(animal(s)) does Tom like?
(2)Ken does.

解説

1 (1)「ケンは何を演奏しますか。」イ「彼はギターを演奏します。」

(2)「どちらがあなたのものですか、この本ですか、それともあの本ですか。」ア「あれが私のものです。」

(3)「あれはだれの車ですか。」ウ「ウエノ先生のものです。」

(4)「彼はなぜクラスで人気があるのですか。」ウ「彼は賢いからです。」

2 (1)Satoshi's と持ち主を答えている。A「あ

れはだれのカギですか。」B「サトシのものです。」

(2)red と black のどちらかをたずねている。A「あなたはどちらのペンがほしいですか、赤ですか、それとも黒ですか。」B「私は黒いペンがほしいです。」

(3)することを具体的に答えている。A「あなたは朝食前に何をしますか。」B「私は顔を洗います。」

3 (1)koalas に下線があるので「何が好きか」とたずねる文に。「トムはコアラが好きです。」→「トムは何(の動物)が好きですか。」

(2)Who が主語の疑問文。「ケン」は3人称単数なので、does を使って〈主語＋does.〉と答える。「だれが毎週金曜日にこの部屋に来ますか。」→「ケンです〔ケンが来ます〕。」

POINT 3(2)答えの文の Ken does. は、Ken comes (to this room every Friday). を簡単にした文。comes のかわりに、does とする。

---

6 疑問詞を使った疑問文 ②

本文p.12

1 (1)ア (2)ウ (3)ア

2 (1)When is, after
(2)Where do, in (3)How is
(4)How old

3 (1)When does Mai listen to music?
(2)She goes there by train.

解説

1 (1)「あなたはどのようにして公園に行きますか。」ア「私は自転車でそこに行きます。」

(2)「あなたはどこの出身ですか。」ウ「私は日本の出身です。」

(3)「ケンはいつ英語を勉強しますか。」ア「彼は夕食後にそれを勉強します。」

2 (1)「いつ」＝ when。日本語に一般動詞で表す部分がないので、主語の the party に合う be 動詞を使う。「放課後」＝ after school

(2)「食べる」は一般動詞 eat で表すので、疑問文には主語の you に合わせて do を使う。「教室で」＝ in the classroom

(3)「～はどうですか」は一般動詞がないので、how のあとに主語の the weather に合わせて is を続ける。

(4)「学校は創立何年」は英語では「学校は何歳」と表現する。「何歳」＝ how old

3 (1)after dinner「夕食後」の部分は「いつ」とたずねる。「マイは夕食後に音楽を聞きます。」→「マイはいつ音楽を聞きますか。」

(2)5語という指定があるので、主語と動詞を含めて答える。「電車で」＝ by train 「ルミはどのようにして東京に行きますか。」に、「彼女はそこに電車で行きます。」と答える。

POINT 3疑問文に答えるときは、疑問文の主語を代名詞にかえる。主語が3人称単数のときは、一般動詞に三単現の s をつけるのを忘れない。

7 命令文

本文p.14

1 (1) Don't drink　(2) Look at
(3) Let's go　(4) Cook[Make], please

2 (1) Let's go to the movies.
(2) Don't[Do not] be late for class.
(3) Stand up.
(4) Please call Ken at ten.[Call Ken at ten, please.]

3 (1) Let's go to the party together.
(2) Go[Get] out of this room.
(3) Don't[Do not] run in the library.

解　説

1 (1)「～してはいけません」は命令文の前に Don't をつける。「飲む」＝ drink
(2)「見なさい」は命令文。動詞から始める。
(3)「～しましょう」は命令文の前に Let's をつける。

(4)「～してください」は please で表す。

2 (1)「～しましょう」は命令文の前に Let's をつける。「私たちは映画に行きます。」→「映画に行きましょう。」
(2)「～してはいけない」は命令文の前に Don't をつける。「あなたは授業に遅れます。」→「授業に遅れてはいけません。」
(3)「～しなさい」は命令文。動詞の原形から始める。「あなたは立ちます。」→「立ちなさい。」
(4)「～してください」は please で表す。「あなたは 10 時にケンに電話をします。」→「10 時にケンに電話をしてください。」

3 (1)「いっしょにパーティーに行きましょう。」
(2)「この部屋から出て行きなさい。」「～から出て行く」＝ go[get] out of ～
(3)「図書館で走ってはいけません。」

POINT 2(2) be 動詞の命令文は be 動詞の原形 be を使う。

8 動詞の過去形

本文p.16

1 (1) visited　(2) left　(3) tried
(4) got　(5) stopped

2 (1) Did, I did
(2) Were, in, weren't
(3) planned　(4) read, last

3 (1) Yutaka was tired yesterday.
(2) I didn't[did not] call Jane at ten last night.
(3) How many balls did Tom have in his bag?

解　説

1 (1)(3)(5)は規則動詞, (2)(4)は不規則動詞。
(1)「私たちは先月, ニューヨークを訪れました。」
(2)「彼女は昨日, アメリカに出発しました。」
(3)「マイクは昨日の朝, 納豆を試してみました。」
(4)「あなたはこの前の日曜日, 遅く起きました。」

(5)「彼は立ち止まって, その少女を見ました。」

2 (1)一般動詞の過去の疑問文とその答えの文には did を使う。
(2) be 動詞の過去の疑問文とその答えの文にする。主語は they なので were を使う。
(3)「計画する」＝ plan は最後の文字 n を重ねて ed をつける。
(4)「読む」＝ read の過去形は, つづりが原形と同じ read。読みは[red]。「昨年」＝ last year。

3 (1)過去の文に。動詞の is を was にする。「ユタカは今, 疲れています。」→「ユタカは昨日, 疲れていました。」
(2)「私は昨夜 10 時にジェーンに電話をしました。」→「私は昨夜 10 時にジェーンに電話をしませんでした。」
(3) seven に下線があるので数をたずねる文に。「トムはかばんに 7 個のボールを持っていました。」→「トムはかばんにいくつのボールを持っていましたか。」

POINT 1 不規則動詞は 1 つずつ, 何度も練習して覚えてしまおう。

9 進行形

本文p.18

1 (1) was flying　(2) playing
　(3) was talking　(4) listening
　(5) are

2 (1) was washing　(2) Are, taking
　(3) weren't crying
　(4) was swimming

3 (1) What was Takuya doing?
　(2) No, they weren't[were not].
　(3) He's[He is] going to the bank.

解　説

1 (1)「1羽の大きな鳥が空を飛んでいました。」
(2)「私たちはテレビゲームをしているのではありません。」
(3)「ケンタはそのとき，ユイと話していました。」
(4)「あなたはそのとき，音楽を聞いていましたか。」

(5)「彼らは今，本を読んでいます。」

2 (1)過去進行形の文。「洗う」= wash
(2)現在進行形の疑問文。「～の写真を撮る」= take pictures[a picture] of ～
(3)過去進行形の否定文。「泣く」= cry にはそのまま ing をつける。
(4)過去進行形の文。「泳ぐ」= swim は最後の文字を2つ続けて ing をつける。

3 (1)「何をしていましたか」という文に。「タクヤは電話で話していました。」→「タクヤは何をしていましたか。」
(2)進行形の疑問文には be 動詞を使って答える。「その少年たちは川沿いを走っていましたか。」「いいえ，走っていませんでした。」
(3)答えの文も進行形に。「彼はどこに行くところですか。」「彼は銀行に行くところです。」

POINT　2(4)〈短母音＋子音字〉で終わる動詞は run, swim, plan を必ず覚えておこう。

10 未来表現

本文p.20

1 (1) eat　(2) I won't　(3) Are　(4) will
　(5) will

2 (1) Will Ken come　(2) are not going
　(3) Who is　(4) we aren't[we're not]

3 (1) No, she isn't[she's not].
　(2) Yes, she will.
　(3) She is going to clean her room.

解　説

1 (1)「ジョンはこれらのハンバーガーを食べるつもりです。」
(2)「私は次の日曜日，ひまではありません。」
(3)「あなたはパーティーに行く予定ですか。」
(4)「あなたは来月，どこを訪れるつもりですか。」
(5)「あなたは明日，家にいますか。」「はい，います。」

2 (1)「ケンは7時に帰宅するでしょう。」→「ケ

ンは7時に帰宅するでしょうか。」
(2)We're = We are 「私たちは明日ユカに会う予定です。」→「私たちは明日ユカに会う予定ではありません。」
(3)「ボブはこのコンピュータを使う予定です。」→「だれがこのコンピュータを使う予定ですか。」
(4)「あなたとトモは天ぷらを料理する予定ですか。」「いいえ，その予定ではありません。」

3 (1)「アキは次の金曜日，おばさんを訪れる予定ですか。」木曜日に行く。「いいえ，その予定はありません。」
(2)「アキは次の土曜日，忙しいですか。」「はい，忙しいです。」
(3)「アキは次の日曜日，何をする予定ですか。」「彼女は部屋を掃除する予定です。」

POINT　2 will も be 動詞も疑問文・否定文・答えの文の作り方は同じ。be 動詞は主語に合わせて使い分ける。

11 いろいろな文型

本文p.22

1 (1) looked
(2) me an orange
(3) wrote
(4) them

2 (1) to (2) for (3) for (4) to

3 (1) Your sister looked tired last
(2) Taku didn't make us breakfast
(3) I told this story to Yuka

解 説

1 (1) bored は形容詞なので，like は不要。「あなたはそのとき，退屈しているように見えました。」
(2) gave のあとは〈人＋もの〉の語順。「ジョーは私にオレンジを1つくれました。」
(3) to me なので wrote が適切。found は for を使う。「タクは私にこの手紙を書きました。」

(4)〈人〉が代名詞のときは目的格にする。「学校への道を彼らに教えてください。」

2 (1)「彼は私たちにこれらの写真を送ってくれました。」
(2)「私はアンディーに昼食を作ります。」
(3)「私に新しいTシャツを買ってください。」
(4)「彼はあなたに理科を教えましたか。」

3 (1)「〜のように見える」は〈look＋形容詞〉で表す。
(2) didn't は一般動詞の過去の否定文を作る語なので，make の前に置く。
(3) told のあとに〈もの＋to＋人〉の語順に並べる。

POINT 2〈動詞＋人＋もの〉の文を〈動詞＋もの＋to[for]＋人〉にするとき，to を使う動詞と for を使う動詞を区別して覚える。

12 不定詞 ①

本文p.24

1 (1) イ (2) エ
(3) エ (4) オ

2 (1) サッカー選手になることが
(2) そこへ行ったのですか／話すため
(3)(何か) 読むものがほしい
(4) 仕事はタクシーを運転すること

3 (1) surprised to hear the news
(2) When did you start to study

解 説

1 (1) tried to open として，動詞 try の目的語となる名詞的用法の不定詞に。「私はこのドアを開けようとしました。」
(2) 感情の原因を表す副詞的用法の不定詞に。「ユイはこの贈り物をもらって喜ぶでしょう。」
(3) the picture を修飾する形容詞用法の不定詞に。「これがあなたに見せるべき写真です。」

(4) 目的を表す副詞的用法の不定詞に。「私はフランス語を勉強するために大学へ行きます。」

2 (1) To be a soccer player までが主語。
(2)「なぜ」と聞かれて，目的を表す副詞的用法の不定詞で答えている。
(3) to read は形容詞的用法の不定詞で，うしろから something を修飾している。
(4) to drive a taxi が文の補語となっている。

3 (1) 感情の原因を表す副詞的用法の不定詞を使った文にする。surprised ＝「驚いた，びっくりした」という意味の形容詞。
(2) 疑問詞を使った疑問文にする。When「いつ」のあとは疑問文の語順。名詞的用法の不定詞 to study「勉強すること」が動詞 start「始める」の目的語となる。

POINT 2(3) something, anything, nothing, thing のあとに〈to＋動詞の原形〉がきたら，形容詞的用法の不定詞を考えてみる。

本文p.26

13 不定詞 ②

1 (1)to go　(2)when　(3)It's　(4)Did

2 (1)次に何をしたらよいか
　(2)ピアノを練習したくありませんでした
　(3)彼を訪問するのはよい考えでした

3 (1)Is it important to eat breakfast
　(2)Which country do you want to visit
　(3)Tell me how to use this computer

解　説

1 (1)「私は次の日曜日に釣りに行きたいです。」
(2) to watch TV と目的語があるので what や which は入らない。「いつテレビを見たらいいか私に教えてください。」
(3) it is の短縮形 it's を選ぶ。「トムにとって日本語を話すのは難しいです。」

(4)「彼は昨日, サッカーをしたかったのですか。」

2 (1)〈ask ＋人＋もの〉を使った文。「人にものをたずねる」の意味。
(2)一般動詞の過去の否定文。
(3) It was のあとに形容詞ではなく, 名詞句 a good idea「よい考え」が続いている。

3 (1) It is ～ to ... の文の疑問文の作り方は, be 動詞の文の疑問文の作り方と同じ。
(2)疑問詞 which を使った疑問文。ただし, which のあとに名詞 country を続け「どの国」を表す Which country で始まることに注意。
(3)〈tell ＋人＋もの〉「人にものを話す[教える]」の「もの」に〈疑問詞＋ to ＋動詞の原形〉がくる。命令文なので動詞 tell で始める。

> POINT　3 一般動詞や be 動詞の疑問文, 命令文の語順を意識しながら, 不定詞の部分はひとまとまりの名詞句として考えよう。

本文p.28

14 助動詞

1 (1)Can［May］I　(2)Must I
　(3)can't［cannot］sing
　(4)didn't have［need］to

2 (1)must not　(2)can run　(3)has to

3 (1)Mika doesn't［does not］have to visit her English teacher.
　(2)We had to practice tennis hard.
　(3)Can［Will, Could, Would］you take care of my dog?

解　説

1 (1)「～してもいいですか」と許可を求めるのは Can［May］I ～?
(2)「～しなければなりませんか」は Must I ～?
(3) can の否定形はふつう, cannot または can't で, can not とはしない。
(4)「～する必要がなかった」は didn't have［need］

to ～。

2 (1)禁止する表現は, You must not ～. 「この川で泳いではいけません。」
(2)「トムはとても速いランナーです。」→「トムはとても速く走ることができます。」
(3) must ＝ have to, 主語が Jun なので has とする。「ジュンは 7 時に起きなければなりません。」

3 (1)「～する必要はない」は don't have to ～。または need を使って表すこともできる。「ミカは英語の先生を訪れる必要はありません。」
(2) have to を過去形に。「私たちは一生懸命テニスを練習しなければなりませんでした。」
(3)相手に依頼する表現は Can［Will］you ～? で, ていねいな表現には Could［Would］you ～? がある。「私のイヌの世話をしてくれませんか。」

> POINT　2 助動詞を使った表現は, 別の言い方ができることが多いので, この形式の問題をたくさんやってみよう。

15 接続詞

本文 p.30

1 (1)think that　(2)Because, was
　　(3)if,　are
2 (1)あなたは，タクが英語を話すこと
　　を知っていますか。
　　(2)ユリはピアニストになりたいので，
　　熱心にピアノを練習します。
　　(3)もし（あなたに）夕食前に時間が
　　あれば，宿題を終えなさい。
　　(4)私の父はカナダに住んでいたとき，
　　よく釣りに行きました。
3 (1)hope you'll have a good time
　　(2)play tennis if it's fine tomorrow

解　説

1 (1)「私は〜と思います」は I think that 〜。
(2)「〜ので」は because 〜。

(3)「もし〜なら」の部分は，未来のことだが現
在形で表す。
2 (1)know のあとに接続詞の that が省略され
ている。
(2)because 〜 の部分から訳すと自然な日本語
の文になる。
(3)if 〜＝「もし〜なら」
(4)go fishing ＝「釣りに行く」　live in 〜＝「〜
に住む」
3 (1)hope のあとの接続詞の that が省略され
た文にする。「〜だといいですね」＝ I hope
〜.「楽しい時間を過ごす」＝ have a good
time
(2)「テニスをしましょう」「もし明日晴れなら」
の順。

POINT　2(1)接続詞の that は省略されることが
多い。〈主語＋動詞〉が2つ続いていたら，間
に that が入るとまず考えてみよう。

16 There is 〜./動名詞

本文 p.32

1 (1)some dogs　(2)Was　(3)playing
　　(4)to buy　(5)eating
2 (1)How about going out for shopping
　　(2)Writing *hiragana* is easy for John
　　(3)There aren't any balls in my
3 (1)Yes, there are.
　　(2)I'm good at playing soccer.
　　(3)My job is washing the cars.

解　説

1 (1)are のあとなので，複数の名詞が続く。「私
の部屋に数匹のイヌがいます。」
(2)a tall tree は単数なので，be 動詞は Was。「あ
の公園に高い木がありましたか。」
(3)「私はジェーンとテニスをして楽しみました。」
(4)「ケンは新しいコンピュータを買いたがって
いました。」

(5)この before は前置詞なので，あとには動名
詞が続く。「食べる前に手を洗いなさい。」
2 (1)「〜するのはどうですか。」＝ How about
〜ing?　「買い物に出かける」＝ go out for
shopping
(2)「ひらがなを書くこと」と考えて，動名詞を
主語にする。
(3)「1つもない」＝ not 〜 any
3 (1)Are there 〜? には there を使って答える。
「机の上に CD はありますか。」「はい，あり
ます。」
(2)be good at 〜ing ＝「〜することが得意だ」
「私はサッカーをすることが得意です。」
(3)「〜すること」の意味の不定詞は動名詞に書
きかえることができる「私の仕事は車を洗う
ことです。」

POINT　動名詞だけを使う動詞，不定詞だけを
使う動詞を整理して覚えよう。

17

比較表現 ①

本文p.34

1 (1)biggest　(2)earlier　(3)wide
　　(4)larger　(5)in
2 (1)as busy as　(2)the youngest of
　　(3)harder than　(4)easier than
3 (1)This box is as heavy as mine
　　(2)Summer is the hottest season in
　　(3)Jiro swam the longest in my

解　説

1 (1)前に the, あとに of があるので最上級。「このクッキーは3枚の中でいちばん大きいです。」
(2)あとに than があるので比較級。「私はふつう, 母よりも早く起きます。」
(3)前後に as があるので原級。「この川はあの川と同じくらい幅が広いです。」
(4)あとに than があるので比較級。「日本はイタリアよりも大きい [広い] ですか。」

(5)his class は範囲を表す語句なので, in。「トムは彼のクラスの中でいちばん速く走ります。」
2 (1)「…と同じくらい〜だ」= as 〜 as ...
(2)「若い」= young を最上級に。「3人の中で」= of the three
(3)「一生懸命に」= hard を比較級に。「〜よりも」= than
(4)「簡単な」= easy は〈子音字 + y〉で終わる語なので, y を i にかえて er をつける。
3 (1)「この箱は重いです」This box is heavy をまず組み立て, 「〜と同じくらい」から, heavy を as ではさむ。最後に「私の (もの)」を置く。
(2)「夏はいちばん暑い季節です」「日本では」の語順。「いちばん暑い」を the hottest とする。
(3)「ジロウはいちばん長く泳ぎました」「私の家族で」の語順。「いちばん長く」を the longest とする。

POINT　1 比較級は than, 最上級は the, of, in, 「…と同じくらい〜だ」は as が目印になる。

18

比較表現 ②

本文p.36

1 (1)more beautiful
　　(2)most slowly　(3)earlier
　　(4)most carefully　(5)best
2 (1)better than
　　(2)more popular than
　　(3)the most famous
3 (1)I like *takoyaki* better than *tempura*
　　(2)soccer is the most exciting sport
　　　of all
　　(3)Is science more difficult than
　　　English

解　説

1 (1)「この花はあの花よりも美しいです。」
(2)「私は5人の中でいちばんゆっくり走りました。」

(3)early は -ly で終わるが, more をつける語ではない。「あなたはケンよりも早く帰宅しましたか。」
(4)「私は家族でいちばん注意深く歩きました。」
(5)good は不規則に変化する語。「あなたの歌はすべての中でいちばんよかったです。」
2 (1)「クミはエリほどうまく踊れません。」→「エリはクミよりもうまく踊れます。」
(2)「この CD は人気があります。」→「この CD はあの CD よりも人気があります。」
(3)「あの少年は有名です。」→「あの少年は私たちの学校でいちばん有名です。」
3 (1)「私はたこやきのほうが好きです」「天ぷらよりも」の語順。
(2)「いちばんわくわくする」= the most exciting
(3)まず肯定文で文を組み立ててから疑問文にすると作りやすい。

POINT　more, most を前に置く語と, er, est をつける語を整理しておこう。

19 受け身形

本文 p.38

1 (1)made　(2)is visited　(3)are loved
　(4)called　(5)isn't

2 (1)are used in　(2)Was, written by
　(3)is, cooked[made] by　(4)is, from

3 (1)Mt. Fuji is loved by people in
　　Japan.
　(2)Yes, he was.
　(3)Many pictures were taken by Taku
　　in Sydney.

解　説

1 (1)前に be 動詞，あとに by があるので受け身
　の文。「このイスはトムによって作られました。」
(2)「神戸は多くの人々に訪れられています。」
(3)あとに by があるので受け身の文。「彼女の子
　どもたちは彼女によって愛されています。」
(4)「この鳥はアメリカで何と呼ばれていますか。」

(5)「この野菜は子どもたちに好かれていません。」
2 (1)現在の受け身の文。「このクラス」は行為
　者ではないので，by ではなく in。
(2)過去の受け身の疑問文。「書く」＝ write の
　過去分詞は written。
(3)現在の受け身の文。
(4)バターは牛乳から形がかわっているので，
　be made from。
3 (1)love は規則動詞。「日本の人々は富士山
　を愛しています。」→「富士山は日本の人々
　によって愛されています。」
(2)「その男性は山の中で救出されましたか。」「は
　い，救出されました。」
(3)took は take の過去形で，過去分詞は taken。
　「タクはシドニーでたくさんの写真を撮りま
　した。」→「たくさんの写真がシドニーでタ
　クによって撮られました。」

POINT 受け身の文は，be 動詞で時制を表し，過
去分詞を使う。疑問文の答えにも be 動詞を使う。

20 現在完了

本文 p.40

1 (1)has　(2)seen　(3)long
　(4)yet　(5)been

2 (1)has been, since
　(2)Has, written, yet, has
　(3)have never used
　(4)have already read

3 (1)have not watched TV for
　(2)How many times has John traveled

解　説

1 (1)「私の姉[妹]はちょうど家を出たところ
　です。」
(2)「あなたは有名な歌手を見た[に会った]こと
　がありますか。」
(3)「あなたはどのくらい(の間)英語を勉強して
　いますか。」
(4)「ケイトはまだ宿題を終えていません。」

(5)「私は２度ロンドンへ行ったことがあります。」
2 (1)be 動詞の過去分詞は been。「ある時点(こ
　こでは「先週」)からずっと」は since を使う。
(2)疑問文の語順に注意。「もう」は疑問文では
　yet。また，答えの文でも have[has]を使う。
(3)経験の用法の否定文ではふつう never を使
　う。特に，本問では「１度も」と強調されて
　いるので not は不可。
(4)主語の見極めと，already の入る位置に注意。
3 (1)否定文の語順に注意。また，「～の間」と
　期間を表すときは for を使う。不要語は since。
(2)「何度[何回]」は How many times のあとに，
　疑問文の語順を続ける。How often ～? でも
　ほぼ同じ内容を表せるが，不要語は１語とあ
　るので不可。不要語は often。「海外旅行をす
　る」＝ travel abroad

POINT ２(4)主語は Yumi and Ken と複数なので
has ではなく，have を使う。

中学1・2年の総復習テスト ①

本文pp.42-43

1 (1)have (2)work (3)coming
2 (1)イ (2)エ (3)ア (4)ア
3 February
4 (1)エ (2)ア
5 (1)mine (2)sung (3)caught
6 (1)2番目：イ，4番目：ア
　　(2)2番目：ア，4番目：オ

解　説

1 (1)We から始まっているので，「木曜日にあります」と考えて，We have で表す。
(2)「その会社の社員」ということは「その会社で働いている」ということ。
(3)自分を待ってくれている相手に向かって言っているので，相手の立場から，「行く」は go ではなく，come で表す。I'm とあるので，現在進行形だと考え，coming とする。

2 (1)「あれらはだれの鉛筆ですか。」pencils (鉛筆)と複数形であることに注目。
(2)「お小遣いを英語でどのように言いますか。」say の目的語が含まれている疑問文なので，What ではないことに注意する。
(3)「彼女は元気になったらフランスに旅行するでしょう。」「もし～なら」という条件を表す if のあとの動詞は，未来のことでも現在形で表す。
(4)「彼女は英語の CD を聞くことによって，英語がより得意になりたいと思っています。」あとに to があるので listen to が適切。イの不定詞では文の意味が通らない。by ～ing ＝「～することによって」

3 クミ「アン，あなたの誕生日はいつですか。」
アン「2月1日です。」
クミ「本当？　私の誕生日は，あなたの誕生日より1日早いです。」
アン「それなら，あなたは1月31日に生まれたのですね。」
クミ「その通りです。」
クミの誕生日はアンの誕生日よりも1日早

い。
4 (1)A「今何時ですか。」
B「9時です。」
A「ありがとう。」
(2)〔教室で〕
A「これはすてきな写真ですね！　それには美しい山々があります。だれがそれをここに持ってきたのですか。」
B「たぶん，ベイカー先生です。彼女は山に登ることが好きなのです。」

5 (1)A「これらはジェーンのノートですか。」
B「いいえ。それらは私のです。」
あとに名詞がないので「～のもの」の形。
(2)A「あなたは今までに英語の歌を歌ったことがありますか。」
B「はい，あります。」
現在完了(経験)の疑問文なので，過去分詞にする。sing は不規則動詞。
(3)「ついに彼らは昨夜，その危険な動物を捕まえました。」last night があるので過去形に。catch は不規則動詞。

6 (1)What <u>food</u> do <u>you</u> like (the best?) B の答えから，食べ物についてたずねていると考え，What food から始める。そのあとは疑問文の語順。
A「あなたはどんな食べ物がいちばん好きですか。」
B「私の好きな食べ物はピザです。」
(2)(It) is <u>made</u> <u>of</u> old jeans. made, of, is から，「～でできている」という受け身の文にする。
A「まあ，あなたはすてきなかばんを持っていますね。」
B「ありがとう。古いジーンズでできているのです。」

POINT 6(2) be made of ～ は，何で作られているのか，見てわかるとき（→材料）に，be made from ～ は，見てわからないとき（→原料）に使う。

中学1・2年の総復習テスト ②

本文pp.44-45

1 (1)What [Which], favorite
　　(2)to drink,　Why
2 (1)ウ　(2)ア　(3)ウ
3 (1)to become [be]　(2)nothing to
4 (1)エ　(2)イ　(3)ア　(4)イ
　　(5)ウ　(6)ウ
5 ウ

解　説

1 (1)トム「あなたは何の[どの]教科がいちばん好きですか。」
ジョン「英語が私の大好きな教科です。」
(2)ケン「とてものどがかわいています。何か飲むものを持っていますか。」
サラ「いいえ，持っていません。ジョンにたずねてはどうですか。」　Why don't you ～? は「～してはどうですか。」と提案する表現。
2 (1)〔放課後に〕
Ａ「あなたのお姉さん[妹さん]は京都で働いているのですか。」
Ｂ「はい。彼女は教師です。彼女は今高校で数学を教えています。」
主語が3人称単数で現在の文。
(2)Ａ「あなたは月にいくら，本に使っていますか。」
Ｂ「1000円ぐらいです。私は週刊誌を読むのです。」
spend on ～＝「～にお金を使う」
(3)Ａ「スティーブ，今度の日曜日にあなたの車を使ってもいいですか。町に買い物に行きたいのです。」
Ｂ「ごめんなさい，今壊れているのです。でも私の妻のを使えるかもしれません。今晩彼女が帰宅したとき聞いてみます。」　when ～ のように時を表す副詞節では，未来のことでも現在形で表す。
3 (1)「ジムは宇宙飛行士になるという夢を持っています。」→「ジムの夢は宇宙飛行士になることです。」

(2)「私は明日ひまです。」→「私は明日何もすることがありません。」
4 (1)「私は全教科の中で音楽がいちばん好きです。」複数を表すall ～の前なのでofが入る。
(2)「音楽の先生はいつも，音楽の響きは人々を感動させることができると私たちに言います。」〈動詞＋人＋もの(that節)〉の形の文。この形をとる動詞は選択肢の中では tell(s) のみ。
(3)「私は人前でうまく話すことはできませんが，音楽を通して自分の感情を示すことはできると思います。」前後の文を逆接でつなぐ接続詞 but が入る。
(4)「私は昨年，授業でギターのひき方を習いました。」〈how to ＋動詞の原形〉の形で「～する方法」という意味を表す。
(5)「音楽を演奏することができれば，私はもっと人々と会う機会を得るでしょう。」
直後の to meet は不定詞の形容詞的用法。文脈から chances「機会」が入る。他の選択肢はそれぞれ，lessons「授業，けいこ」，hobbies「趣味」，spaces「余白，間隔」の意味。
(6)「音楽に国境はないので，私は友達を作ることができると信じています。」直後の no「1つも～ない」に注意して，「国境が(全く)ない」の意味になる has が入る。
5 〔パーティーで〕
Ａ「このケーキはとてもおいしいです。ⓑもっといただいてもいいですか。」
Ｂ「もちろんです。ⓒはい，どうぞ。」
Ａ「ありがとう。ⓓあなたがそれを作ったのですか。」
Ｂ「いいえ，姉[妹]が作りました。」

POINT　3(1)「～という夢」→「夢は～すること」，(2)「ひま」→「何もすることがない」など，同じ内容を違った表現で表せるようにしよう。

13

本文pp.46-48

1 (1)ア (2)ウ (3)イ (4)イ (5)ウ

2 (1)known (2)best (3)playing
(4)slowly

3 (1)to see (2)as[so] well as (3)Why

4 ウ

5 (1)I bought Tom a picture book about
(2)Which color do you like
(3)are used when you wrap something
(4)easy for me to answer

6 (例) (1)There are five people in my
family.
(2)I'm[I am] good at (playing) tennis.
(3)I came here[to London] (in order)
to study English.
(別解) (1)My family has five people. /
We are family of five people.
(2)I (can) play tennis well. / I'm[I
am] a good tennis player.
(3)I'm here[in London] because I want
to study English. / My purpose
of staying here[in London] is to
study English.

解 説

1 (1)「私は友達が新しい学校でうまくやって
いると聞いてうれしいです。」 be glad to ~
＝「~してうれしい」
(2)「パーティーにいたすべてのお客さんが夜中
まで歌って楽しみました。」 enjoy のあとは
動名詞。
(3)「オリバーはすぐれた泳ぎ手です。彼は今日
のレースに勝ち，100メートル自由形の学
校新記録を作りました。」「レース」＝race
(4)「あなたの新しい学校生活について私に何か
話してください。」〈tell ＋人＋もの〉で「人
にものを話す」。
(5)「私たちは今週末にハリーの家でパーティー
をする予定です。私はそこでソフィーに会う

のを楽しみにしています。」 look forward to
~ing ＝「~するのを楽しみにする」

2 (1)A「ジャックはあなたの友達ですか。」
B「はい。私たちは10年間，お互いを知っ
ています。」know を選び，過去分詞に。
(2)A「沖縄そばはとてもおいしそうです。」
B「これは沖縄のすべての中で最高の食べ物
だと私は思います。」good を選び，最上級に。
(3)A「あなたはスポーツが好きですか。」
B「はい。私は友達とサッカーをするのが大
好きです。」play を選び，1語なので動名詞に。
(4)A「もう一度それを言ってくれますか。あな
たはあまりにも速く話します。」
B「わかりました。もっとゆっくり話すよう
にします。」slow を選び，副詞の形に。

3 (1)「彼女は彼にもう一度会えてうれしかっ
たです。」
(2)「ハルカはジュンコほどじょうずに英語が話
せません。」
(3)「昼食に来るのはどうですか。」

4 「この前の日曜日，私はフットボールの試合
を見る機会がありました。」形容詞的用法の
不定詞は，ウ「日本にはたくさんの訪れるべ
き場所があります。」 ア「彼は音楽を勉強す
るためにパリに行きました。」→副詞的用法
イ「早く起きることは私にとって難しいで
す。」→名詞的用法

5 (1)「私はトムに，車についての絵本を買い
ました。」
(2)「あなたはどの色がいちばん好きですか。」
(3)「それらは何かを包むときに使われます。」
(4)「私には全ての問題に答えるのは簡単でした。」

6 自分について話す文なので，主語は I にする。
また，現地でのスピーチなので，「ロンドン」
は「ここ」と考えて英文を組み立ててもよい。
(1)「家族」＝ family。
(2)「得意」は be good at ~や well を使う。
(3)不定詞の副詞的用法や接続詞 because を
使ってロンドンに来た目的・理由を述べる。

POINT 2(3)動詞 love は，不定詞と動名詞の
両方を目的語として使うことができる。ここで
は1語という指示にしたがって動名詞にする。